燃料电池汽车能量管理策略及案例

宋 珂 李飞强 著

Energy Management Strategies for Fuel Cell Hybrid Electric Vehicles and Case Studies

化学工业出版社

·北京·

内 容 简 介

本书系统介绍了燃料电池汽车的燃料电池-蓄电池混合电源动力系统构型、燃料电池以及锂电池性能衰减的影响因素和机理；给出了详细的燃料电池和锂电池建模方法与步骤、可拓展的燃料电池汽车多目标能量管理评价方法；提供了多种先进的燃料电池汽车混合电源能量管理控制策略。本书的编写是基于作者团队十余年科研教学及产业应用经验的总结，所提供的设计案例对标国际技术前沿，力求兼顾理论指导和工程应用。

本书适合具有一定燃料电池汽车能量控制研究基础的读者阅读，可作为高等院校本科生、研究生学习燃料电池汽车能量系统控制的教材，还可以作为汽车工程师学习参考的资料。

图书在版编目（CIP）数据

燃料电池汽车能量管理策略及案例 / 宋珂，李飞强著.—北京：化学工业出版社，2023.9
ISBN 978-7-122-43735-8

Ⅰ.①燃…　Ⅱ.①宋…②李…　Ⅲ.①燃料电池-电传动汽车-能量管理系统-研究　Ⅳ.①U469.72

中国国家版本馆 CIP 数据核字（2023）第 119811 号

责任编辑：陈景薇　　　　　　　　　　文字编辑：冯国庆
责任校对：王鹏飞　　　　　　　　　　装帧设计：张　辉

出版发行：化学工业出版社（北京市东城区青年湖南街13号　邮政编码100011）
印　　装：大厂聚鑫印刷有限责任公司
710mm×1000mm　1/16　印张14¼　彩插6　字数243千字　2023年10月北京第1版第1次印刷

购书咨询：010-64518888　　　　　　　　售后服务：010-64518899
网　　址：http://www.cip.com.cn
凡购买本书，如有缺损质量问题，本社销售中心负责调换。

定　　价：98.00元　　　　　　　　　　　　　　版权所有　违者必究

前言 —— PREFACE

以氢燃料电池为动力的新能源汽车由于具有续驶里程长、清洁（零排放）等优点，具有极大的发展潜力。然而，高昂的氢气价格、动力源的快速退化，造成了燃料电池汽车较高的使用成本，为了降低燃料电池汽车的使用成本，有必要对燃料电池的动力系统性能进行优化。在现有材料技术水平短时间内难以取得革命性提升的背景下，可从能量管理控制策略层面入手，优化燃料电池的功率输出特性，在取得较高的燃料经济性的同时又能延缓燃料电池的性能衰减速率，延长其使用寿命，降低其使用成本。大量的研究者在该领域付出了巨大的努力，提出了多种有效的能量管理策略。

本书以通俗易懂的语言和图表介绍了燃料电池汽车的能量控制。笔者从燃料电池的动力系统结构出发，对动力系统的不同部件的特性和建模方法进行了分析，同时介绍了燃料电池汽车的能量管理策略，并精心分析了控制实例，能够加深读者的印象，提升读者的感性认识和认知水平。

本书共分为6章。第1章介绍了国内外燃料电池汽车能量管理策略的研究意义与现状。第2章介绍了燃料电池汽车动力系统的拓扑结构，并介绍了燃料电池的建模和仿真技术。第3章分析了燃料电池作为动力源的特性，包括其经济性、耐久性和动态响应特性，在耐久性的相关内容中，对燃料电池的典型退化工况进行了介绍和建模。第4章分析了蓄电池作为动力源的耐久性问题。第5章提出了能量管理策略的三级模糊评价体系，并通过仿真对评价体系进行了验证。第6章结合典型案例介绍了基于瞬时优化、基于庞特里亚金极小值原理、基于退化自适应、基于小波变换算法以及基于动态规划的能量管理策略。

本书适合具有一定燃料电池汽车能量控制研究基础的读者阅读，可作为高等院校本科生、研究生学习燃料电池汽车能量系统控制的教材，也可以作为汽车工程师学习参考的资料。

　　本书由同济大学宋珂副教授和北京亿华通科技股份有限公司李飞强博士撰写，并设计开发了书中实例。本书中所有实例都经过笔者亲自测试验证。在本书撰写过程中，得到了同济大学汽车学院和北京亿华通科技有限公司许多同人的大力支持和帮助，谨此致谢。也衷心感谢化学工业出版社编辑团队为本书顺利出版所做出的努力。由于笔者水平有限，书中难免出现疏漏，诚望读者批评指正。

著者

目录 —— CONTENTS

第 3 章　燃料电池特性　／ 031

第**4**章　蓄电池的耐久性建模　／　083

第**5**章　燃料电池汽车能量管理策略三级模糊综合评价体系　／　095

第6章　燃料电池汽车能量管理策略案例　／　117

燃料电池汽车能量管理策略及案例

第1章
绪论

1.1
燃料电池汽车能量管理策略研究背景和意义

汽车保有量的不断增加使得汽车尾气排放所引发的空气污染问题以及原油资源的日益消耗所反映的能源紧缺问题日益突出。为了控制车辆尾气污染并找到可替代石油的能源，节能与新能源汽车已成为国际汽车产业发展的方向。为了摆脱对化石燃料的依赖，电动汽车引起了各国汽车工业界的关注。然而在现阶段对于纯电动汽车，蓄电池作为其动力源存在能量密度低、体积大、充电时间长等缺点，使得纯电动汽车的市场化推广受到制约；而由于质子交换膜燃料电池存在动态响应慢、成本高昂、冷启动性能差以及耐久性较差等缺点，使得纯燃料电池汽车的商业化发展受到限制。但是，由燃料电池和动力蓄电池组成的电 - 电混合动力系统能够在一定程度上克服以上不足。质子交换膜燃料电池作为燃料电池／蓄电池混合动力系统的主能量源，其动态响应较慢、输出特性"偏软"，引入蓄电池能起到相对于需求功率"去峰填谷"的作用，以提高混合动力系统的整体工作效率。而且，由于燃料电池只能单向地将化学能转化为电能，蓄电池作为储能器还具有制动能回收的作用。总体来说，燃料电池电动汽车（Fuel Cell Electric Vehicle，FCEV）具有能量转换效率高、燃料来源广泛且可再生、不污染环境（零排放）等优点，而且燃料电池汽车在整体性能上，特别是续驶里程和燃料补充时间上明显优于其他电动汽车，是目前最具开发潜力的绿色交通工具。

燃料电池汽车车载电源系统承受着复杂的运行状态，例如启停频繁、负载变化频率高、机械振动等。影响燃料电池车辆电源系统寿命的主要动态工况为动态快速变载、多次变载、启停和怠速以及过载等，车辆频繁变工况运行是车载电源系统耐久性差的主要原因。电源系统耐久性是燃料电池汽车产业化需要突破的技术难点，燃料经济性的提高有助于降低成本，节约能源。在燃料电池／蓄电池混合动力系统中，能量管理策略的作用是将负载需求功率在燃料电池和蓄电池之间进行合理分配。要减缓上述因素所导致的电源系统寿命衰减，现有燃料电池／蓄电池材料技术水平的提升是一种解决方案，另外一种关键且有效的措施是从能量管理控制策略层面入手，减缓上述因素所导致的电源系统性能衰减并提高燃料经济性。

1.2
燃料电池汽车研究现状

（1）国内

国家政策长期支持燃料电池汽车相关产业的发展。在产业起步期，通过直接规划和投资的方式促进了产业发展，"十五"时期，"863计划"中将包括燃料电池汽车在内的新能源汽车作为重要发展方向。在相关产业初步成熟后，则通过提供购置补贴等措施为燃料电池汽车的发展提供了有力支持。在我国做出力争2030年实现碳达峰，2060年实现碳中和的承诺后，燃料电池汽车相关的政策支持也明显增加。2020年，我国出台了《关于开展燃料电池汽车示范应用的通知》，这也是我国首个从国家层面出台的专门针对燃料电池汽车的政策，该通知鼓励地方申报燃料电池汽车城市群，并计划对入围的城市群按照示范应用情况给予奖励。此外，在"十四五"规划纲要中，明确提出加速布局氢能以及储能等科技。

除了国家政策层面，地方政府为了鼓励氢能产业发展也出台了大量的政策。近年来，上海市出台了多项与燃料电池汽车相关的补贴政策和产业发展规划，确定了鼓励燃料电池汽车试点示范运行、加快加氢站建设等加速产业发展的计划。2020年，北京市出台了《北京市氢燃料电池汽车产业发展规划（2020～2025年)》，提出要加快发展氢燃料电池汽车产业，推动产业集群建设。截至2021年6月，已有41个地区出台了氢能、燃料电池相关的发展计划。

受到政策的鼓励和支持，我国燃料电池汽车及其上下游产业快速发展，许多企业对相关技术进行了研发，通过"产学研"的结合，也有不少企业和高校合作开发了燃料电池汽车。目前国内已经有大量燃料电池商用车在进行日常运营，也有企业发布了其燃料电池乘用车品牌。

在乘用车领域，上汽集团长期从事燃料电池汽车技术开发。北京奥运会期间，上汽集团与同济大学共同研发了20辆燃料电池汽车并进行了示范运营。世博会期间，上汽集团研发了40多辆燃料电池汽车进行示范运行。2020年，上汽集团发布了全球第一款燃料电池多用途汽车（Multi-Purpose Vehicles），并且发布了"氢战略"，提出在2025年之前发布至少10款燃料电池汽车。

燃料电池商用车领域的发展则快于乘用车，宇通客车、北汽福田、中通客车、申龙客车等商用车企业都推出了商用燃料电池汽车。中国重汽以潍柴动力开发的燃料电池系统为基础，研发了港口中使用的燃料电池重型牵引车、重型卡车等。杭叉集团则开发了燃料电池叉车并且已交付商业运营。

（2）国外

日本、韩国、美国和欧洲等地也有许多汽车企业及实验室等在从事燃料电池汽车的研发。许多知名的乘用车生产厂家都已经推出了燃料电池乘用车，还有一些企业则专注于燃料电池重型卡车的研发。

在乘用车领域，主要品牌是丰田 Mirai 和现代 Nexo。2014 年和 2019 年，日本丰田相继推出了燃料电池汽车品牌 Mirai 以及其第二代产品，该车型以其良好的性能在燃料电池乘用车领域占据了优势地位。2018 年，韩国现代推出了其燃料电池乘用车品牌 Nexo。针对中国市场，在 2021 年中国国际进出口博览会上发布了按照中国法规标准设计制造的中国版 Nexo。此外，日本本田则在日本市场推出了其燃料电池乘用车品牌 Clarity。

在燃料电池商用车领域，尼古拉（Nicola）长期从事燃料电池重型卡车的开发，目前已发布三款性能领先的燃料电池重型卡车，还推出了首款燃料电池皮卡。在 2019 年中国国际进出口博览会上，现代商用车展示了其首款氢燃料重卡概念车 HDC-6 NEPTUNE。

1.3
国内外燃料电池汽车能量管理策略研究现状

有许多学者对燃料电池汽车的能量管理这一主题进行了研究，针对不同的研究目标，得到了许多能量管理策略（EMS）。这些策略可以按照实时性、优化目标或算法分类，如图 1.1 所示。

图 1.1　能量管理策略的分类

按照策略能否用于实车，燃料电池汽车的能量管理策略可以分为在线和离线两种类型。离线的控制策略依赖于工况信息，在制定时依据工况信息得到最优的能量管理策略，通常离线的控制策略需要较多的计算资源。而在线的控制策略消耗比较少的计算资源，同时满足实车上使用的实时性要求，并且不依赖于全局的工况信息，因此可以在实车上使用。

按照优化目标分类，则分为对经济性能优化的能量管理策略、优化耐久性（即优化动力源寿命）的能量管理策略和对多目标进行优化的能量管理策略。优化经济性的能量管理策略通常基于动力装置的效率或者燃料消耗量等制定规则或进行优化。而优化耐久性的能量管理策略则需要对燃料电池等动力源的退化机理进行研究并相应地进行优化。多目标优化则通常采用成本函数或者损失函数，将能量消耗、耐久损失等按照不同的权重系数计算为统一的函数，并以成本函数或损失函数为依据进行优化。

除了上述分类方法外，更广泛采用的分类方法是按照所依据的算法分类。如图1.2所示，能量管理策略可以按照基于规则、优化以及人工智能进行分类，图中还展示了算法对应的典型策略。

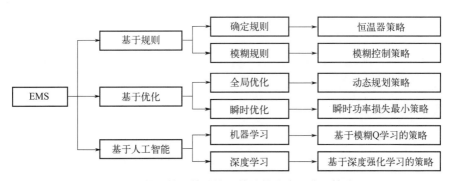

图1.2　能量管理策略按照算法的分类和典型策略

（1）基于规则的能量管理策略

基于规则的能量管理策略具有简单实用、消耗计算资源少等优点，其采用的规则可以分为确定规则和模糊规则。

① 确定规则。采用确定规则的策略包括恒温器策略、功率跟随策略等。

徐群群等提出了改进型恒温器控制策略，利用自适应遗传算法对恒温器策略中的变量进行了优化，从而改善了目标车辆的经济性。

王永军等基于小波滤波原理，通过对整车的需求功率进行了功率分流并结合已有的基于规则控制策略，确定了新型的基于规则的能量管理策略，该策略能够保持燃料电池以较高的效率工作。

② 模糊规则。Ravey 等建立了可以减少氢气消耗的模糊控制器，并根据遗传算法调整了模糊控制器的参数。

Amirabadi 等针对一款燃料电池汽车提出了一种模糊控制策略，以该策略决定不同动力源的功率输出情况。

徐乐鹏针对燃料电池牵引车建立了物理模型，基于电源系统的效率，设计了一种模糊控制策略，并实施了仿真实验，证明了策略的性能。

王旭峰提出了一种根据需求功率和蓄电池荷电状态，确定不同动力源功率的模糊控制策略，仿真实验表明该策略可以减少燃料消耗，同时降低燃料电池功率的波动。

贾和坤等为了改善蓄电池工作状态、减少车辆燃料消耗，建立了基于专家经验的模糊控制器，仿真表明在符合动力性要求的情况下，改善了蓄电池的工作状态并减少了其老化，同时减少了车辆的燃料消耗。

（2）基于优化的能量管理策略

基于优化的能量管理策略包括全局优化策略和瞬时优化策略。而按照优化的目标划分则主要有经济性优化策略、耐久性优化策略、多目标优化策略。

全局优化算法是离线算法，在计算时已知行驶的工况信息，因此基于全局优化的策略无法在车辆上实时使用，但全局优化策略可以得到特定工况下的最优控制方案，其结果有助于实时策略的制定。

金振华等利用动态规划算法，得到了目标工况下的经济性最优的燃料电池功率方案。Fares 等提出了一种以燃料经济性和保持燃料电池性能为目标的全局控制策略，该策略利用带权重的动态规划算法，相比普通的动态规划策略可以更快地达到收敛。Ansarey 等以燃料消耗和蓄电池电量为目标函数，基于多维动态规划算法，得到了混合动力系统减少燃料消耗的最大潜力。

Peng 等采用极小值原理研究得到了一种控制策略，并在其中加入阻尼系数以减少燃料电池系统负载的动态变化，实车验证表明提出的能量控制策略可以在不牺牲经济性的情况下，减少燃料电池的载荷变化。文佩敏等利用极小值原理，构造了包括整个电源系统能量消耗的哈密顿函数，并且利用协态变量调整蓄电池能量消耗的权重。通过已知的工况进行仿真实验求解协态变量，使蓄电池荷电状态保持在约束条件的同时，达到基于极小值原理的全局最优控制。

阻碍全局控制策略在实车上使用的最主要因素是车辆行驶工况未知，因此一些学者将工况预测模块加入能量管理策略，从而实现全局控制策略的实用。

冯耀先等制定了启停工况和怠速工况下的最优控制策略，并结合工况识别模块，根据车辆所处的工况切换策略的控制规则，实现了整个工况下经济性的提升。

Sun 等针对公共汽车行驶工况相对固定的情况，构建了不同的工况片段，利用工况识别模型在实际运行时对所在工况进行识别后，选取根据庞特里亚金极小值原理确定的最优控制变量，并利用实车实验证明了所提出的能量管理策略可以有效减少能量消耗，且计算时间满足实际使用需要。

李宾利用改进的 K 均值聚类算法对历史数据进行分类，建立每种类型典型工况的能耗曲线，根据该曲线生成最优的蓄电池参考荷电状态（State of Charge，SOC）变化曲线用于实车的控制。

牛超凡则采用 BP 神经网络建立了车速预测模型，并以最小氢耗量为目标，建立了预测范围内的等效氢耗最小控制策略，并通过仿真实验和硬件在环测试验证了所提出的策略的有效性。

由于计算全局最优控制策略所消耗的计算资源多、时间长，因此通常仅计算出几种典型工况下的最优控制策略供使用。在行驶工况不典型、变化多的情况下，仍然需要可以实时优化的策略。实时优化的策略在运行时不需要提前知道行驶工况，仅根据当前状态确定局部最优的控制方案，具有消耗计算资源少和实时性好的特点。

Boukoberine 等建立了等效氢气消耗方程，以此为优化目标建立了等效能量消耗最小策略，实验结果表明该策略可以提高燃料电池汽车经济性。

Zhang 等通过惩罚系数，将蓄电池和超级电容的能量消耗转换为燃料消耗，构建了等效氢耗最小策略，提高了电源系统经济性。

王恒采用滑动窗口获取整车需求功率数据，再利用小波变换进行分解，将低频部分根据燃料电池和蓄电池的特性进行分配，将高频部分分配给蓄电池，有效地缓解了燃料电池的功率波动。

Wang 等为了提高含有多种动力装置的电源系统的功率密度，利用有限状态机建立了能量管理策略，结合最优过氧比控制，提高了燃料电池的最大输出功率。

徐陈锋提出了闭环稳定的自适应控制策略，在车辆运行时基于模糊控制算法不断调节自适应控制器的关键控制参数，仿真实验表明该策略可以达到控制目标，并且有较强的鲁棒性。

燃料电池汽车上使用的控制策略一般对车辆燃料经济性进行优化，但随着对燃料电池耐久性的研究逐渐深入，一些策略将燃料电池耐久性也作为优化目标，成为多目标优化策略。

燃料电池在一些特定的工况下衰减速率明显增大，一些学者在制定能量管理策略时通过增加限制条件，避免燃料电池在特定工况下工作，减缓了燃料电池的退化。Fu 等建立了一个多级能量管理策略，控制策略上层包括一个低通滤波器，由超级电容提供高频部分，低频部分则由下层的等效氢耗最小策略分配给燃料电池和蓄电池。该策略限制了燃料电池的动态载荷，既减少了燃料消耗，又提高了动力装置的耐久性。张瑞亮等则针对负载波动对燃料电池寿命的影响，利用低通滤波方法得到了一种自适应的能量管理策略，该策略以典型工况下功率分布情况为依据，利用低通滤波器过滤了总线需求功率，从而减少了燃料电池的功率波动，提高了其寿命。

一些学者对燃料电池、蓄电池的退化进行建模，定量分析动力源退化，构建燃料电池的运行成本函数或利用惩罚系数将其加入优化目标方程中，从而实现多目标的优化。

Fletcher 等根据燃料电池的退化规律建立了模型，通过权重系数确定了包括燃料消耗和燃料电池退化的总成本函数，基于随机动态规划算法确定了控制策略，实现了综合目标下的最优控制。

Xu 等首先采用电化学模型定量地分析了燃料电池衰退规律，并采用经验模型确定了蓄电池的退化率，随后建立了包括燃料消耗、动力装置退化成本的目标函数，从而同时实现了对燃料经济性和动力源耐久性的优化。

Song 等采用极小值原理，构建了优化问题的哈密顿函数，利用仿真确定了协态变量的初始值，得到了一种次优的控制策略。随后利用惩罚系数将燃料电池的退化成本加入哈密顿方程中，使策略能够同时减少燃料电池系统的退化速率。

Jiang 等确定了电源系统主要部件的退化成本，结合运行时的氢气消耗成本建立了电源系统的运行成本函数，利用二维动态规划算法制定了最优的控制策略，并根据极小值原理制定了实时的控制策略。

（3）基于人工智能的能量管理策略

随着人工智能的发展，一些学者将人工智能方法用于燃料电池汽车的能量管理中，得到了一些基于人工智能的能量管理策略。

李卫等通过在深度强化学习算法的奖励信号中加入寿命因子，降低了燃料电池的功率变化，减少了其衰减，并通过限制算法的动作空间，使燃料电池在高效区间工作，得到了一种同时优化经济性和延缓退化的能量管理策略。

Xiong 等首先计算了特定行驶工况中的功率转移概率矩阵，并利用强化学习算法得到了使能量损失最小的控制策略，随后利用得到的新的工况更新概率矩阵，迭代求解控制策略的最优值。

Qi 等基于深度 Q 网络，建立了一个可以自动从车辆和交通环境的交互中学习最优的功率分配的能量管理系统，实验表明该系统可以有效降低混合动力系统的能量消耗。

胡悦提出了依赖专家经验的基于模糊 Q 学习的混合动力汽车能量管理策略和不依赖专家经验而基于数据驱动的深度强化学习能量管理策略，为了解决扭矩的连续控制问题，又将 DDPG（深度确定性策略梯度）算法应用于能量管理问题。仿真表明这些方法降低了车辆的能量消耗。

（4）考虑退化的能量管理策略相关研究

由于燃料电池的退化比较复杂，考虑退化的能量管理策略的研究比较欠缺。对燃料电池的退化机理与现象的研究可以为考虑退化的能量管理策略提供条件。一些学者通过限制燃料电池工作条件，避免其在不利工况下工作的方式实现了对退化后燃料电池汽车的能量管理。

一些研究者提出了根据燃料电池 SOH（State of Health）来调整控制结果的能量管理策略，实现了保持燃料电池最大功率或者减少燃料电池退化等目标。

任雪双通过辨识燃料电池退化关键参数估计了燃料电池 SOH，提出了基于有限状态机（Finite State Machine）的能量管理策略，结合策略输出和燃料电池退化，得到燃料电池由于退化造成的实际功率与理论功率的差值，并控制蓄电池补充相应功率。仿真分析表明，该策略具有较好的动力性，同时也降低了车辆的燃料消耗。

Ravey 等为了缓解退化的燃料电池最大功率的下降，对燃料电池的健康状况进行了定义，并且根据 SOH 调整动力系统工作点，使退化的燃料电池仍然能够输出较高功率，避免蓄电池 SOC 下降到工作条件较差的范围。该策略提高了退化后燃料电池的功率，保证了系统的动力性，但在退化后增加了的高功率输出，会加剧燃料电池的退化。

Li 等提出了在线估计燃料电池 SOH 的方法，并根据燃料电池 SOH 调整负载变化率，策略中还增加了惩罚函数以避免燃料电池工作效率的下降，从而兼顾了提高经济性和避免燃料电池进一步退化。

Faivre 等认为燃料电池以较高的电流工作时会出现快速退化，因此通过限制其最大电流的方式，得到了一种考虑退化的能量管理策略，增加了剩余使用寿命。

Yue 等定义了燃料电池的剩余使用寿命（RUL）的方法，针对复杂的性能退化过程，提出了一种将燃料电池生命周期划分为不同阶段，并且随 RUL 阶梯式调整控制规则，通过针对不同退化程度适应性的调整规则来增加 RUL 的控制方法。

Li 等提出了一种基于极值搜索算法来搜索最大功率和最高效率工作点的能量管理策略，并且建立了燃料电池退化模型，根据退化程度调整安全工作区间，避免快速退化的发生。

燃料电池汽车能量管理策略及案例

第 2 章
燃料电池汽车动力系统建模与仿真

本章将以某型燃料电池汽车为案例，介绍燃料电池电动汽车动力系统建模方法和仿真方法。首先介绍研究对象的动力系统结构和主要参数；随后在 ADVISOR 软件中建立 PEMFC（质子交换膜燃料电池）、蓄电池、电机等主要部件的模型；最后介绍仿真方法并设置仿真参数和仿真工况。

2.1
动力系统结构及参数

如图 2.1 所示，本书研究的燃料电池电动汽车动力系统由主能量源燃料电池、DC/DC 转换器、辅助能量源蓄电池、驱动电机、减速器等组成。

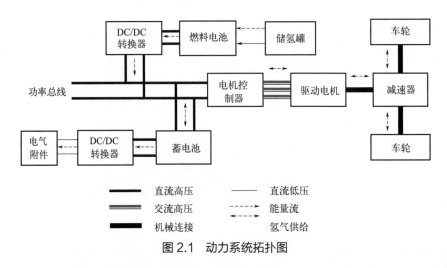

图 2.1　动力系统拓扑图

研究对象的相关参数及动力性指标来源于国家科技支撑项目——面向产业化的燃料电池电动汽车动力系统，其关键参数及动力性能指标如表 2.1 所示。

表 2.1　车辆动力系统关键参数及动力性能指标

名称	数值
整备质量 /kg	2064
仿真配重质量 /kg	180
迎风面积 /m²	2.588

名称		数值
迎风阻力系数		0.375
滚动阻力系数		0.009
传动比		8.867
燃料电池最大功率 /kW		82
DC/DC 转换器效率 /%		97
蓄电池最大功率 /kW		121
车辆动力性能指标	最高车速 /（km/h）	≥ 160
	百公里加速时间 /s	< 14
	爬坡度 /%	≥ 20

2.2
整车模型

本书仿真使用的软件 ADVISOR（Advanced Vehicle Simulator）是美国可再生能源实验室基于 MATLAB 和 Simulink 软件环境下开发的高级车辆仿真器，该软件能快速分析各种动力系统车辆如传统燃油车、混合动力汽车及纯电动汽车等的各种性能，它集成了前、后向两种汽车仿真方法的优点。

如图 2.2 所示，各个图形模块内包含动力系统各部件的 Simulink 模型，图示为燃料电池汽车整车仿真模型。

在整车仿真模型中，包括燃料电池、蓄电池和电机及其控制器三个关键模块。图 2.2 中标注的"能量管理模块"的输入是车辆系统总线需求功率，输出为燃料电池功率，直接输出给后边燃料电池的仿真模块，本书后续研究的主要是这个模块的算法及建模。图 2.2 中圈出的"仿真停止决策模块"是在原模型基础上增加的模块，其主要根据氢气消耗量和蓄电池 SOC 来判断车辆运行状态，适时地输出仿真停止指令。正常情况下仿真停止指令处于非激活状态，但因为蓄电池 SOC 工作范围为 0.05 ～ 0.95，所以当蓄电池 SOC 小于 0.05 时会激活仿真停止指令，整个仿真过程结束。

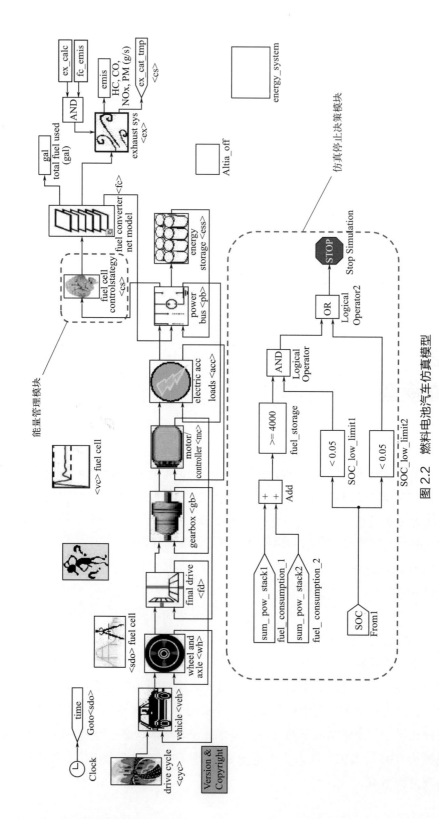

图 2.2 燃料电池汽车仿真模型

2.3
动力系统关键部件模型

项目用车的关键部件主要有燃料电池、蓄电池、电机及其控制器。下面分别介绍这三个关键模块。

2.3.1　燃料电池建模

本书采用的燃料电池系统的相关参数如表 2.2 所示。该燃料电池系统最高毛输出功率为 82kW，由两个毛输出功率为 41kW 的单堆并联构成。除去燃料电池系统辅助设备消耗的功率，双堆并联的最高净输出功率为 60kW。

表 2.2　燃料电池系统参数

名称	数值
额定净输出功率 /kW	50
峰值净输出功率 /kW	60
氢瓶压力 /MPa	70
氢瓶储氢量 /kg	4

燃料电池的氢耗量数据由实验获得，燃料电池单堆氢耗量与单堆净输出功率之间的关系如图 2.3 所示。

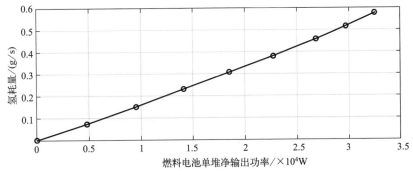

图 2.3　燃料电池单堆氢耗量与单堆净输出功率之间的关系

如式（2.1）所示，燃料电池的效率由燃料电池净输出功率和对应的氢耗量确定。

$$M_{H_2} = \frac{1}{E_{low,H_2}} \int \frac{P_{fc}}{\eta_{fc}(P_{fc})} dt \qquad (2.1)$$

式中，M_{H_2} 为耗氢量；E_{low,H_2} 为氢气低热值，取值 120000J/g；P_{fc} 为燃料电池输出功率；$\eta_{fc}(P_{fc})$ 为燃料电池效率。

以 1s 为步长来计算对应的燃料电池效率，得到燃料电池单堆净输出功率与效率的关系如图 2.4 所示。随燃料电池输出功率的递增，其效率先增加然后慢慢递减至一定值，燃料电池峰值效率（约 55%）出现在单堆净输出功率为 4.8kW 左右，在这之后效率慢慢下降，但一般不会下降太多。在设计能量管理控制策略时可以考虑燃料电池的功率输出及效率特性，尽量避免燃料电池长时间工作于低效率区间。

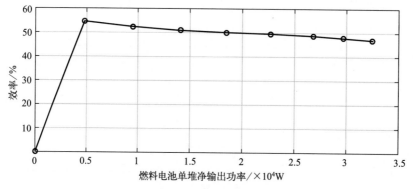

图 2.4　燃料电池单堆净输出功率与效率的关系

项目用燃料电池系统由两个单堆并联构成，两个小堆进气管并联，故两个单堆输出功率一致，在 ADVISOR 原有模型上加入了单堆并联的燃料电池系统氢耗量计算模块。为了在仿真时能更准确地对燃料电池系统启停进行判断，建立了燃料电池启停判断模块。该模块如图 2.5 所示，当下列三个条件满足一个时燃料电池将停机：其一，来自控制策略的启停信号为 0；其二，可用燃料为 0；其三，系统总线需求功率持续小于车辆最低电气附件功率，即车辆没有运动或运动的趋势，在仿真中，取这段持续的时间为大于等于 3min。根据大部分驾驶员的习惯，等红灯时并不会将车辆熄火，即关闭燃料电池发动机，而最长的红灯一般不超过 3min。

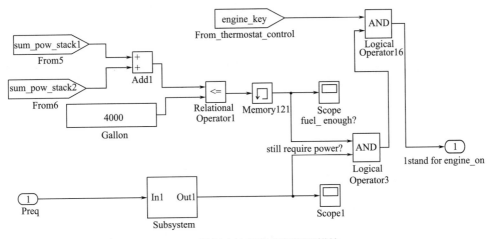

图 2.5　燃料电池系统启停判断模块

本书研究的能量管理策略的目标之一是考虑燃料电池系统耐久性，故本书在 ADVISOR 原有模型基础上补充了 "FC_degradation" 燃料电池堆衰减模块，如图 2.6 所示，具体建模思路将在 4.2 节中进行介绍。

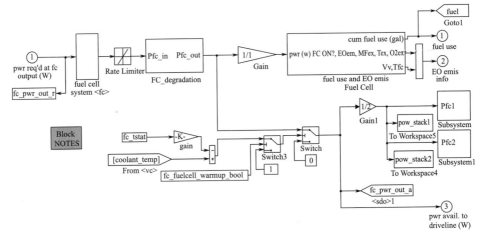

图 2.6　燃料电池系统模型

2.3.2　蓄电池建模

本书所研究的动力系统的蓄电池相关参数如表 2.3 所示，该蓄电池类型为三元锂电池。三元锂电池的正极材料综合了钴锂、镍锂、锰锂 / 铝锂等正极材料的优点，被认为是最具有应用前景的新型正极材料。

表 2.3　动力系统的蓄电池相关参数

参数	数值
类型	三元锂电池
质量 /kg	＜ 130
电芯容量 /（A·h）	37
串并联方式及数量	1P96S
标称电池单体电压 /V	3.65
最大单体工作电压 /V	4.2
最小单体工作电压 /V	2.8
标称总电压 /V	350
电池包最大工作电压 /V	403.2
电池包最小工作电压 /V	268.8
总能量 /（kW·h）	13
SOC 工作范围 /%	5 ～ 95
峰值放电功率（10s）/kW	121
峰值充电功率（10s）/kW	80
持续放电功率 /kW	66（5C）
持续充电功率 /kW	19.25（1.5C）

蓄电池组开路电压和内阻分别为单体开路电压及单体内阻的叠加，即

$$U_{oc} = nU_1 \tag{2.2}$$

$$R_{bat} = nR_1 \tag{2.3}$$

式中，n 为串联单体数目；U_{oc} 和 R_{bat} 分别为电池组的开路电压及内阻；U_1 和 R_1 分别为电池单体电压及内阻。

不同温度下蓄电池组开路电压、充放电电阻与 SOC 的关系曲线如图 2.7 所示。

根据蓄电池 RINT 模型，总线电压的计算如式（2.4）及图 2.8 所示。

$$U_{bus} = U_{oc} - I_{bat}R_{bat} \tag{2.4}$$

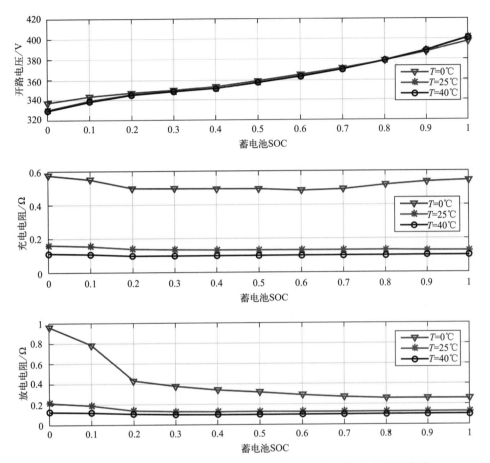

图 2.7 不同温度下蓄电池组开路电压、充放电电阻与 SOC 的关系曲线

基于如图 2.8 所示的 RINT 模型，蓄电池组电流和蓄电池开路电压、充放电内阻及功率的关系式为

$$I_{bat} = \frac{U_{oc} - \sqrt{U_{oc}^2 - 4R_{bat}P_{bat}}}{2R_{bat}} \tag{2.5}$$

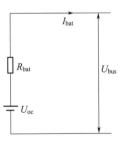

图 2.8 蓄电池的
RINT 模型

式中，P_{bat} 为蓄电池的输出功率，当 $P_{bat}>0$ 时，$I_{bat}>0$，表示蓄电池放电；当 $P_{bat}<0$ 时，$I_{bat}<0$，表示蓄电池充电。式中的电阻 R_{bat} 为蓄电池充电电阻。

基于安时积分法，蓄电池 SOC 计算式如下。

$$\text{SOC}(t_{\mathrm f}) = \text{SOC}(t_0) - \eta_{\mathrm c} \frac{\displaystyle\int_{t_0}^{t_{\mathrm f}} I_{\mathrm{bat}}\, \mathrm{d}t}{C_{\mathrm{bat}}} \tag{2.6}$$

式中，C_{bat} 为蓄电池的容量，A·h；$\eta_{\mathrm c}$ 为蓄电池的库伦效率。

蓄电池等效电路模型如图 2.9 所示，主要由标注的电压电流计算模块、功率限制模块、SOC 计算模块和热模块四部分组成。

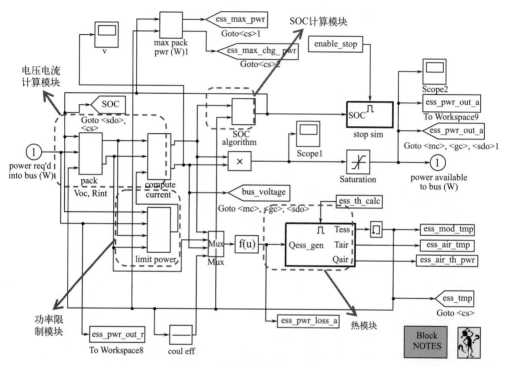

图 2.9　蓄电池等效电路模型

本书研究的能量管理策略的目标之二是考虑蓄电池寿命，故本书在 ADVISOR 原有模型基础上建立了蓄电池容量衰减模型，具体建模思路将在 4.2 节中介绍。

2.3.3　电机及其控制器建模

本书所用电机及其控制器的参数如表 2.4 所示，其类型为永磁同步电机。该电机能双向传递能量，既用作驱动电机消耗能量，也用作发电机进行制动能量回收。根据实验得到电机的外特性曲线如图 2.10 所示，电机的效率与转矩和转速的关系如图 2.11 所示，即 $\eta = f(T, w)$，其最高效率达到了将近 94%。

表 2.4　电机及其控制器的参数

名称	数值
峰值功率 /kW	105
额定功率 /kW	45
额定转速 / 最高转速 /（r/min）	3907/12000
额定电压 /V	350
最大转矩 /（N·m）	250
电机质量 /kg	66
控制器质量 /kg	12

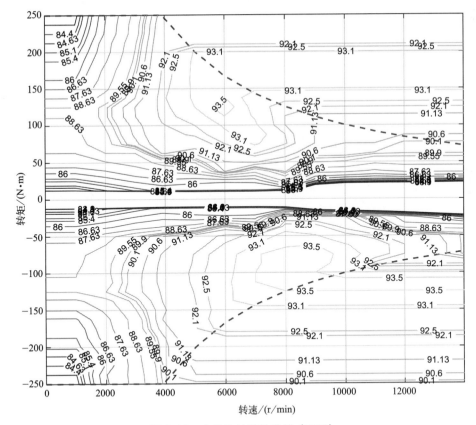

图 2.10　电机的外特性曲线（彩图）

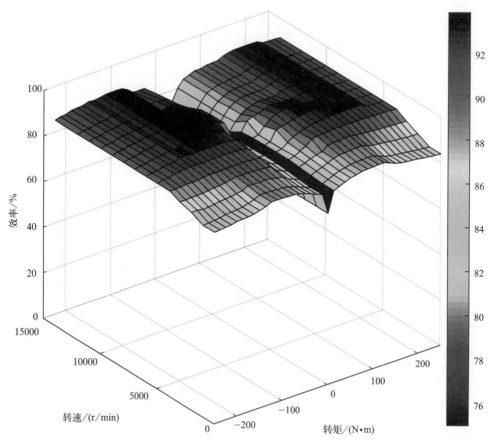

图 2.11 电机的效率与转矩和转速的关系（彩图）

电机作为驱动电机时消耗的能量如下。

$$E_m = \frac{Tw}{\eta} \tag{2.7}$$

电机作为发电机时回收的能量如下。

$$E_m = Tw\eta \tag{2.8}$$

电机模型如图 2.12 所示，其原理为根据车辆行驶阻力方程等动力系统运动方程计算出的需求转矩，并根据行驶工况计算对应需求转速，以查表插值的方法确定对应转速转矩下的电机工作效率，并计算电机的需求功率。将求得的需求功率反馈给系统总线，以获得电机实际需要输出的转速和转矩。

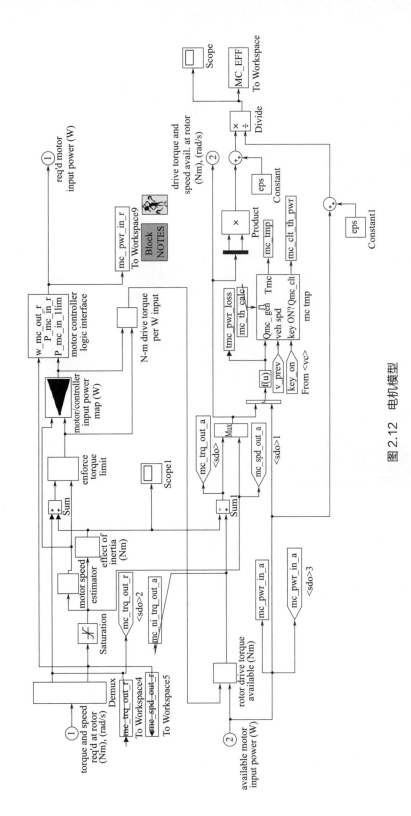

图 2.12 电机模型

2.4
参数配置

ADVISOR 软件中包含如图 2.13 所示的燃料电池汽车动力系统部件参数配置 GUI 界面，该 GUI 界面能对包括车身（Vehicle）、燃料电池系统（Fuel Converter）、蓄电池（Energy Storage）、电机及其控制器（Motor）、传动系统（Transmission）、轮胎（Wheel/Axle）及附件系统（Accessory）等部件进行参数配置，打开对应部件的 MATLAB 参数配置 m 文件，并将项目用车的参数输入即可完成对应部件的参数配置。在 GUI 界面显示的一些组件关键参数，例如各部件的最大效率、最大功率等，可粗略检查关键部件参数配置的正确性。

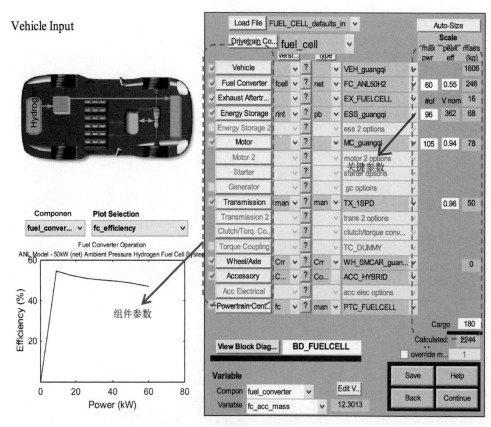

图 2.13　仿真软件参数配置界面

2.5
仿真工况介绍及设计

2.5.1 常规仿真循环工况介绍

本书中可能用到的仿真循环工况包括 NEDC、UDDS、HWFET、US06、US06H、Constant 120km/h、Idling 0km/h、China_city、WLTC 等，上述不同工况的速度曲线及针对本书研究对象的总线需求功率如图 2.14 及图 2.15 所示。

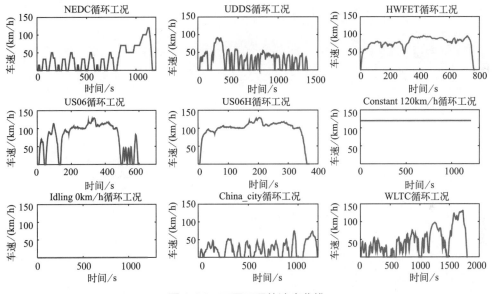

图 2.14 不同工况的速度曲线

NEDC（New European Driving Cycle）为典型的欧洲循环工况，它是模态工况，由四个城市驾驶循环（ECE-15）和一个城郊驾驶循环（EUDC）构成，其针对本书研究对象的总线平均需求功率为 7.6kW。UDDS（Urban Dynamometer Driving Schedule）是美国城市循环工况，是从一条具有代表性的汽车上下班路线上解析出的车辆的速度及时间曲线，针对本书研究对象的总线平均需求功率为 7.14kW。HWFET（Highway Fuel Economy Test）是用于乘用车在高速公路上燃料经济性测试的运行工况，针对本书研究对象的总线平均需求功率为 16.6kW。US06 工况为针对主干线和高速公路的高速度、大加速度运行工况，弥补了 UDDS

的不足，其针对本书研究对象的总线平均需求功率为 23.1kW。US06H 工况是 US06 工况的高速部分。Constant 120km/h 和 Idling 0km/h 分别为匀速 120km/h 工况和怠速工况。China_city（China city driving cycle）为中国城市工况，对应的总线平均需求功率为 4.6kW。而 WLTC（Worldwide Harmonized Light Vehicles Test Cycle）是全球统一轻型车辆测试工况，该工况包括低速、中速、高速、超高速四个部分，其对应的总线平均需求功率为 11.6kW。

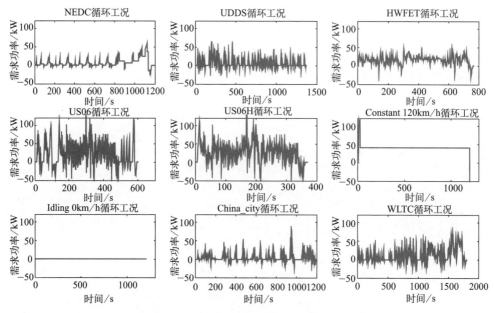

图 2.15　不同工况对应的总线需求功率

2.5.2　新工况构造

为了后续车辆电源系统衰减仿真及能量管理策略仿真分析，特设计四个符合车辆行驶日常的工况，其中包括两种最常见的工作日行驶工况，分别为基于中国城市工况的"China_city 三天工况"和基于 HWFET 工况的"HWFET 三天工况"。为了验证所制定策略在行驶距离较远、行驶时间较长的周末工况中同样具有在燃料经济性及电源系统耐久性方面的优越性，本书还设计了两种周末行驶工况，分别为基于 WLTC 工况和 US06H 工况设计的日行 150km 左右的行驶工况，以及基于 WLTC 工况、US06H 工况和 HWFET 工况设计的日行 450km 左右的行驶工况。

（1）基于中国城市工况设计的工作日"China_city 三天工况"

基于中国城市工况设计的"China_city 三天工况"如图 2.16 所示。中国城市工况为常用的城市工况，一个工况里程为 7.72km，时长为 1192s。基于中国城市工况设计一个时长为三天的行驶工况，总行程 92.7km，日常行驶速度表可以以下列方式表征：基于中国城市工况驾驶 0.662h（15.44km）去工作→停车 8h →基于中国城市工况驾驶 0.662h（15.44km）回家→停车 14.676h。

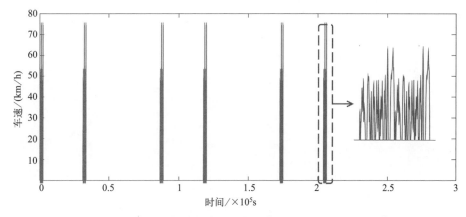

图 2.16　基于中国城市工况设计的"China_city 三天工况"

（2）基于 HWFET 工况设计的工作日"HWFET 三天工况"

"HWFET 三天工况"的速度信息如图 2.17 所示，它是基于 HWFET 工况设计的一个时长为三天的行驶工况，总行程 198.1km，日常行驶速度表可以以下列方式表征：基于 HWFET 工况驾驶 0.425h（33.02km）去工作→停车 8h →基于HWFET 工况驾驶 0.425h（33.02km）回家→停车 15.15h。

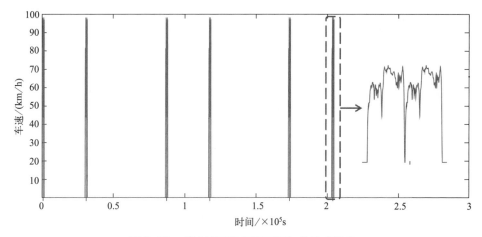

图 2.17　"HWFET 三天工况"的速度信息

（3）日行 150km 左右的周末工况

日行 150km 工况的速度信息如图 2.18 所示，它是基于 WLTC 工况和 US06H 工况设计的一个时长为一天的较长距离往返行驶工况，总行程 153.3km，日常行驶速度表可以以下列方式表征：基于 WLTC 工况和 US06H 工况驾驶 1.3h（76.7km）出门→停车 8h→基于 WLTC 工况和 US06H 工况驾驶 1.3h（76.7km）返程→停车 13.4h。

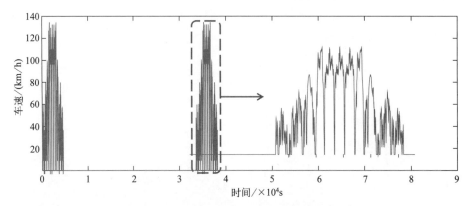

图 2.18　日行 150km 工况的速度信息

（4）日行 450km 左右的周末工况

日行 450km 工况的速度信息如图 2.19 所示，它是基于 WLTC 工况、HWFET 工况和 US06H 工况设计的一个时长为一天的长距离单程行驶工况，总行程 444.7km，日常行驶速度表可以以下列方式表征：基于 WLTC 工况、HWFET 工况和 US06H 工况驾驶 2.08h（156km）出门→休整 10min→基于 HWFET 工况和

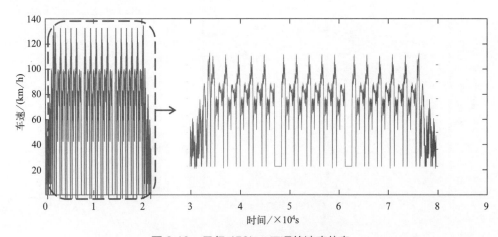

图 2.19　日行 450km 工况的速度信息

US06H 工况驾驶 1.57h（132.7km）→休整 10min→基于 WLTC 工况、HWFET 工况和 US06H 工况驾驶 2.08h（156km）→停车 17.95h。

2.6
本章小结

  本章对燃料电池汽车动力系统及其关键部件的性能参数进行了介绍；然后基于理论方程介绍了 ADVISOR 中燃料电池动力系统关键部件的模型，并在原有模型的基础上增添了相应模块；针对项目中燃料电池汽车的动力系统结构和参数进行了参数设置，完成了动力系统 Simulink 仿真模型的建立；最后，对常规车辆驾驶循环工况进行了介绍，并设计了两种工作日日常驾驶循环和两种周末驾驶循环，为后文燃料电池及蓄电池衰减模型的建立及能量管理控制策略的仿真分析做准备。

燃料电池汽车能量管理策略及案例

第3章
燃料电池特性

3.1
燃料电池的经济性

3.1.1 经济性影响因素分析

车辆燃料经济性是以在确定行驶循环下的循环燃料消耗以及在平坦路面上行驶的等速燃料消耗来表示的，常用评价指标有单位行驶里程燃料消耗量、单位运输工作量燃料消耗量、消耗单位燃料所行驶的里程三种，常用计量单位有 100km/L、MPG（Miles Per Gallon）及 L/100km 等。对于传统燃油汽车，我国常用指标为百公里燃油消耗，相对应地，燃料电池汽车常用的燃料经济性评价指标为等效百公里氢气消耗量，单位为 kg/100km。

燃料电池汽车主能量源——燃料电池以氢气和空气中的氧气为燃料，20 年来一直有学者在探索氢气消耗量的测量方法。根据 2017 年年底发布的《燃料电池电动汽车　氢气消耗量　测量方法》（GB/T 35178—2017），氢气消耗量的测量方法有压力温度法、质量分析法和流量法三种。在仿真中，氢气消耗量根据实验获得的燃料电池输出功率及氢耗量关系查表并积分计算得到。

汽车的燃料经济性指标与发动机的特性和汽车质量、车速及行驶阻力（例如空气阻力、滚动阻力和爬坡阻力）以及传动系统的效率和速比等有关，针对本书研究对象车辆，其续驶里程与质量及行驶工况的关系如图 3.1 所示。由图 3.1 可以看出，车辆续驶里程随其质量递增而呈递减趋势；在不同工况下续驶里程也不同，在 "China_city" "UDDS" "NEDC" 等温和的城市工况下车辆续驶里程较长，而在 US06 等高速工况下燃料电池汽车续驶里程大大缩短。对于本书研究的燃料电池 / 蓄电池混合动力系统，车辆燃料经济性还与其混合度以及能量管理策略的能量分配有关。

殷婷婷等将燃料电池汽车的能量需求划分为基于效率的能量传递损失、行驶阻力直接消耗的能量及车辆电气附件直接消耗的能量三部分。如图 3.2 所示，通过仿真分析，得出基于效率的能量传递损失占据车辆能量需求的大部分（75.3%），而电源系统（燃料电池、蓄电池）的效率损耗又占据整车效率损耗的大部分，从而可以看出电源系统的工作效率是影响整车燃料经济性的重要因素。

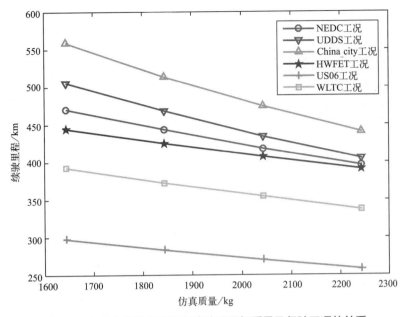

图 3.1 本书中燃料电池汽车续驶里程与质量及行驶工况的关系

能量管理策略对整车能量的分配直接影响电源系统的工作效率，即能量管理策略对整车燃料经济性有一定影响。

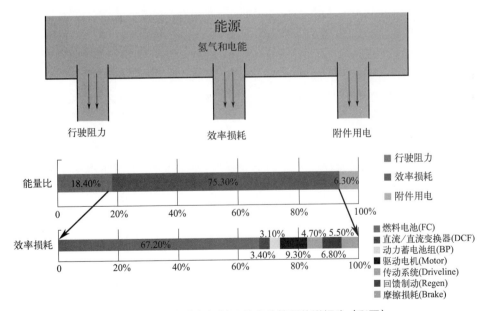

图 3.2 燃料电池车辆基于效率的能量传递损失（彩图）

针对增程式燃料电池电动汽车，宋珂通过分析发现，未经优化的恒温器能量管理策略，蓄电池多次充放电会造成一定电能损失，导致车辆续驶里程缩短。在一些文献中，制定以经济性为性能指标的瞬时优化能量管理策略时也充分考虑了燃料电池工作点效率及蓄电池充放电效率。

针对本书研究的燃料电池汽车，利用优化算法优化功率跟随能量管理策略，在 NEDC 工况下，优化前后策略控制下的燃料电池工作点效率分布及蓄电池效率如图 3.3 所示。由图 3.3 可以看出，由于 NEDC 工况中速度较低总线平均需求功率较低，优化前后在燃料电池低功率区间的工作点没有太大变化，但优化后的燃料电池工作点几乎不出现在高功率区间，一定程度上提高了燃料电池的平均工作效率。对于蓄电池充放电效率，优化后蓄电池放电效率总体上有所下降，主要是因为优化后燃料电池输出功率减小导致蓄电池放电效率下降。

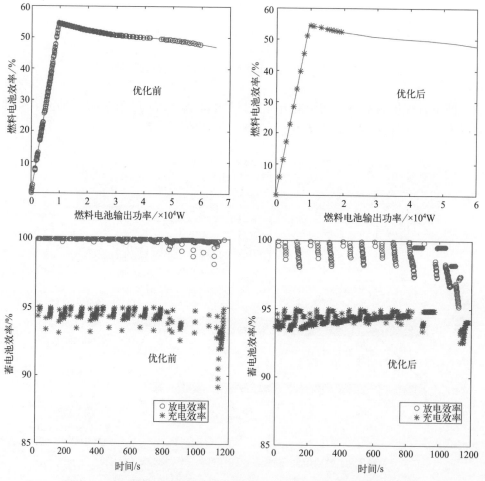

图 3.3　优化前后策略控制下的燃料电池工作点效率分布及蓄电池效率

功率跟随策略优化前后的能量流图分别如图 3.4 及图 3.5 所示。根据能量流图可以可看出，优化前的功率跟随策略中需求功率基本由燃料电池输出，燃料电池给蓄电池充电的能量较少。在改进后的策略中，由于优化了燃料电池效率，所以燃料电池损失的能量由 230785kJ 减小到 219933kJ，燃料电池效率由原来的 52% 提升到 54%，但由于燃料电池功率没有完全跟随需求功率变化，所以蓄电池输入 / 输出的能量较多，导致蓄电池充放电综合效率由 95% 下降到了 94%。能量流图和图 3.3 中一个 NEDC 工况下的电源系统效率图反映的信息相符合。仿真结果表明，能量管理策略优化后续驶里程增加了 1.06%。这说明能量管理策略影响着电源系统工作效率，从而对燃料经济性有较大影响。通过优化燃料电池及蓄电池之间的功率分配，可以达到提升燃料经济性的目的。

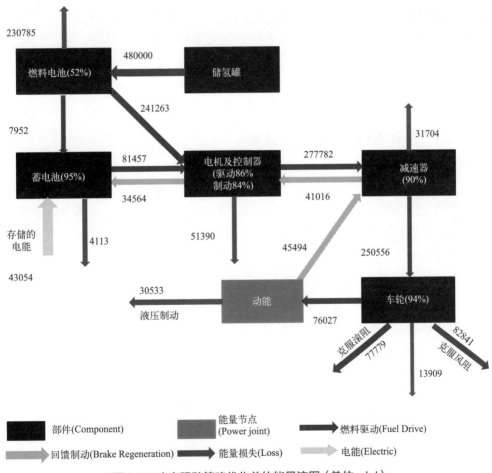

图 3.4　功率跟随策略优化前的能量流图（单位：kJ）

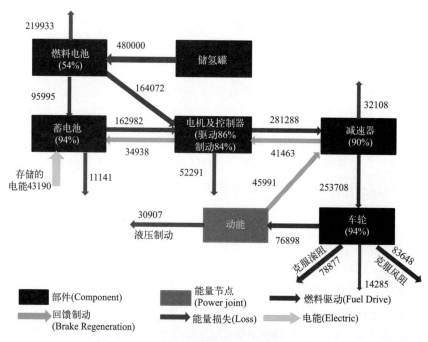

图 3.5 功率跟随策略优化后的能量流图（单位：kJ）

3.1.2 蓄电池等效氢耗量计算

燃料电池汽车燃料消耗量指的是燃料电池汽车在运行过程中所消耗的氢气质量，在仿真中准确计算氢气的消耗量对于燃料电池汽车经济性的准确评价有重要的意义。而燃料电池本身的氢耗量由两部分构成，即燃料电池本身的氢耗量和蓄电池等效氢耗量。

蓄电池等效氢耗量指的是对于无外接充电装置的燃料电池汽车，在仿真或实验结束时蓄电池 SOC 与初始 SOC 不一致的情况下，需要将蓄电池 SOC 的差异等效换算为燃料消耗，即氢气消耗量，以获得燃料电池汽车在特定行驶循环工况下准确的燃料消耗信息。

蓄电池等效氢耗量的计算公式如下。

$$\delta_{H_2} = \frac{E \times 3.6 \times 10^6}{120 \times 10^3 \times 1000 \times \eta_{fc}} \tag{3.1}$$

式中，δ_{H_2} 为蓄电池等效氢气量，kg；E 为蓄电池容量，kW·h；120×10^3 为氢气低热值，J/g；η_{fc} 为燃料电池平均效率，取 $\eta_{fc} = 0.45$。

在该计算方法中，燃料电池效率取的是平均值，简化了计算量的同时也降低了计算的精确度。定义蓄电池瞬时等效氢耗的计算公式如下。

$$\delta_{H_2} = \begin{cases} \dfrac{P_{bat}}{\eta_{dis}\bar{\eta}_{chr}} \times \dfrac{\delta_{fc,avg}}{P_{dc,avg}} & P_{bat} \geqslant 0 \\[3mm] P_{bat}\eta_{chr}\bar{\eta}_{dis}\dfrac{\delta_{fc,avg}}{P_{dc,avg}} & P_{bat} < 0 \end{cases} \tag{3.2}$$

式中，η_{chr}、η_{dis} 分别为蓄电池充电效率和放电效率；$\bar{\eta}_{chr}$、$\bar{\eta}_{dis}$ 分别为蓄电池平均充电效率和平均放电效率；$P_{fc,avg}$ 为 DC/DC 转换器平均功率；$P_{fc,avg}$ 为燃料电池平均瞬时氢耗。

该计算方法的原理是充分考虑蓄电池能量流路线，通过蓄电池充放电效率分析并基于等效消耗理论来计算蓄电池瞬时等效氢耗。其中蓄电池充放电效率基于蓄电池 RINT 模型计算得到。

为了精确地计算得到氢气消耗量与蓄电池 SOC 之间的关系，在本书中，蓄电池等效氢耗量的具体计算过程如图 3.6 所示，取计算步长为 1s，其中 P_{fc} 为燃料电池输出功率（取对应工况对应策略下燃料电池输出功率，单位：W）；U_{oc} 为蓄电池开路电压（单位：V）；R_{bat} 为蓄电池内阻（单位：Ω）；$\dot{m}$ 为燃料电池输出功率

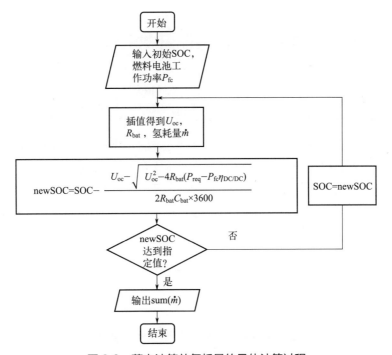

图 3.6　蓄电池等效氢耗量的具体计算过程

对应的氢耗量（单位：g/s）；$\eta_{DC/DC}$ 为 DC/DC 转换器效率（取 0.97）；P_{req} 为总线需求功率（0W）；C_{bat} 为蓄电池容量（37A·h）。计算得到 sum（$\dot{m}$）为燃料电池将蓄电池由初始 SOC 充电至指定 SOC 时对应的等效氢耗量。

若仿真过程中的氢气消耗量为 m，蓄电池等效氢耗量为 m_e，则等效百公里氢耗量 ρ 的计算如式（3.3）所示，单位为 kg/100km，其中 S 为行驶里程。

$$\rho = \frac{m + m_e}{S} \times 100 \tag{3.3}$$

3.2
车用燃料电池性能衰减机理分析

本节首先介绍燃料电池关键组件的性能衰减机理，然后介绍水热管理系统对燃料电池性能衰减的影响，最后介绍在几种典型车载工况下燃料电池的性能衰减机理及对应的解决办法。

3.2.1 燃料电池关键组件的性能衰减机理分析

3.2.1.1 催化剂及其载体的性能衰减机理分析

从长远来看，电催化剂及其载体的腐蚀是影响燃料电池性能的一个重要的基本因素，也是影响燃料电池商业化的一个重要因素。同时，电催化剂及其载体的性能衰减机理频繁地出现在相关文献中，相比燃料电池其他组件的衰减机理而言，其衰减机理较为清楚。

一般而言，阳极和阴极的催化材料都是铂（Pt），或者是具有纳米级尺寸的铂合金。在现在的燃料电池的设计中，两极的结构基本类似，铂催化剂呈颗粒状均匀地排列在碳基表面，碳基除了作为铂催化剂颗粒的载体之外，同时有利于反应物在催化剂之间的扩散。

铂催化剂的腐蚀意味着催化剂的迁移和减少，以及催化剂结构的改变和电化学活性表面积的降低。碳基的腐蚀意味着碳颗粒的溶解减少，进而引起附着在碳基表面的催化剂的减少。

由于水分的存在，特别是在相对湿度高的条件下，催化剂及其载体（特别是阴极）容易腐蚀，同时燃料电池运行状况及持续时间、温度和湿度等级等也是影响催化剂及其载体腐蚀的重要因素，催化剂及其载体腐蚀导致了电池输出电压的降低。

（1）阴极的腐蚀

在众多文献中均提到了关于衡量铂催化剂的电化学活性表面积的实验，实验都显示活性表面积随着时间的增加而减少，活性表面积的减少可以解释为铂催化剂颗粒的重新分布，最开始铂催化剂颗粒呈细窄状态，且均匀分布在碳基表面上，随着时间的推移，细窄状态的颗粒迁移形成了较大的铂催化剂颗粒，颗粒的尺寸在纳米级别上增长着。同时，氧化反应也在催化剂及其载体表面发生着，Borup 指出电化学活性面积的减少与颗粒的重新分配直接相关联，颗粒累积得越大，电化学活性面积就会越小，燃料电池的输出面积就会越小。此外，活化作用的降低会进一步加速催化剂颗粒的重新分配，Borup 观察到在催化剂颗粒重新分配的时候，铂的净含量并没有降低。然而其他文献却指出，在铂颗粒的迁移和碳基腐蚀的过程中，铂颗粒的总量在减少，可能直接损失掉了，也可能迁移到膜或者气体扩散层上去了，即使这种情况不经常发生。铂颗粒的迁移和由此造成的电化学活性面积的减少与燃料电池长期的工作状况直接相关。

① 燃料电池长时间的循环变工况运行是导致铂催化剂颗粒凝聚、氧化和由此导致的电化学活性面积减少的主要因素。Borup 等在经过了 1500 次变电势循环后，检测到电化学活性面积减少了将近 40%。

在工作循环中，铂颗粒尺寸的增大与电池的电势有关，且当电势变化快时的增长速度比恒定电势的工作状态要快。总体而言，高电势水平下衰减速率快，在恒定电势下催化剂的凝聚也会发生，但是并没有变电势状态下快。为了较长时间维持一个较大的催化表面积，可以让电池工作在恒定低电势状态，以避免高电势加速电池的性能衰减速率。比如，如果将燃料电池运用于汽车上，则在城市红绿灯处或者急速情况发生时，燃料电池电势较高，催化剂颗粒的尺寸容易增大。在快速制动时，燃料电池堆的电压甚至会更高，因此所造成的伤害也就越大。催化剂颗粒的迁移可以通过电势循环进行解释。通常认为铂的溶解度是燃料电池电势的函数，存在一个平衡电压，当燃料电池电压超过了此平衡电压时铂离子就开始扩散至水中，当电势降低到平衡电压以下时，铂离子开始从水中析出，重新在催化剂的表面凝结。

② 工作温度对电化学活性面积有影响。通常而言，当温度升高时，微观粒子扩散速度更快，因此更高的温度意味着铂催化剂颗粒尺寸的增长速度更快。

③ 反应物进气口处的湿度水平对催化剂颗粒的尺寸增长速度也有影响，反应气体的相对湿度越低，催化剂颗粒的凝聚速度越慢，尤其对于电势循环更是如此。

④ 还有一个影响电化学活性面积衰减的因素是催化剂的初始曲面形状，其严重影响铂催化剂在工作中溶解的量，比如被氧化的铂催化剂会比未被氧化的情况溶解得快。

（2）阳极的腐蚀

相比于阴极而言，阳极不太容易被腐蚀，众多的文献显示，无论燃料电池处于何种工作状态（变电势或定电势），在长期实验中阳极几乎不受凝聚、溶解和氧化等现象的影响。

只有在长期的燃料电池测试之后，才能观测到阳极催化剂的性能衰退，铂颗粒的凝聚现象并没有出现，而电化学活性面积有所减小，产生这一现象的原因可能是由于铂颗粒与碳基分离造成铂颗粒的减少，也可能是由于铂催化剂中离聚物的减少。

3.2.1.2 气体扩散层性能衰减机理分析

时至今日，对气体扩散层性能衰减的研究相比于对催化剂及其载体性能衰减的研究要少得多，所得结论为气体扩散层碳基的腐蚀会对催化剂的特性产生负面影响，进而影响燃料电池的相关性能和输出电压。

① 电势循环，特别是高电势循环或者恒定高电势工况下，会加速气体扩散层的腐蚀，进而影响燃料电池的寿命。

② 反应气体较低的相对湿度会加速碳的损失速度，在实验中及后续分析中发现，由于碳的损失，具有微孔结构的气体扩散层中的孔间隙会增大。但是考虑到气体扩散层有加湿的需求，所以应该综合考虑这个问题。一般而言，气体扩散层决定着水管理系统性能的优良，如果考虑湿度对燃料电池性能的影响，可考虑湿度对气体扩散层的影响。新型的气体扩散层均采用疏水性材料，以利于水的迁移以及气体的扩散，也就是说气体扩散层为了能在高湿度环境下工作已经做了相关改进，但是随着时间的推移，材料的疏水性会降低，这反而会降低气体的传输速

率，高的亲水性意味着更多的水会停留在气体扩散层内，妨碍反应气体分子的传输，导致燃料电池性能变差。

③ 文献中对于温度对气体扩散层的影响的结论并不一致，导致这一结果的原因可能是不同的实验装置和不同的测试条件。Los Alamos 国家实验室的实验显示，温度并不会影响碳基的腐蚀，然而这也许仅仅针对这一特定的实验装置适用。Li 等进行气体加湿、不同温度下燃料电池的相关实验，用以监测碳基的质量，经过125h 后的测试结果显示，当气体温度为 120℃时，碳基减少了 8%，而当气体温度为 150℃时，碳基减少了 36%。

3.2.1.3　质子交换膜性能衰减机理分析

膜的衰退是燃料电池寿命减少的主要因素之一，膜的化学稳定性对于提高燃料电池的寿命非常关键。现今，DuPont's Nafion® 和 Gore's Primea® 是最常用的两个系列的质子交换膜，同时也被看作是质子交换膜的工业标准。Nafion 膜是由具有热塑性的合成树脂组成的，由于其全氟化的特性，具备较高的化学稳定性和温度稳定性。事实证明，无论 Nafion 膜用作质子交换膜还是用作电极都能使用更长的时间，能维持数千小时。

质子交换膜的衰减理论由多个步骤的衰减机理构成，在长时间的工作下能引起燃料电池严重的性能衰退，两个主要的衰减步骤为：

① 生成羟基和由过氧化氢分解成的过氧自由基，从化学上损害膜上的聚合物；

② 在化学腐蚀与瞬时工况、温度循环和湿度循环等工况的共同作用下，造成膜的力学性能衰减和膜特性的变化。

许多研究学者一致认为膜的性能衰减由自由基引起的，由于其对未配对电子具有高活性，能与膜聚合物的末端基短时间进行反应，此反应在低湿度、高温度（超过 90℃）条件下较为剧烈。由膜组件腐蚀产生的金属离子对过氧化氢自由基起催化作用，自由基由过氧化氢产生，过氧化氢在阴极和阳极上都能产生，当阴极周围的氧气扩散到阳极上时就能产生过氧化氢。

长时间的化学腐蚀会导致膜的性能衰减并变得稀薄，进一步引起反应气的窜气，反过来更加有利于过氧化氢的形成。高窜气率的原因可能是膜上材料的损失。考虑到过氧化氢既能在阴极产生，也能在阳极产生，两电极上的混合电势能加速电池的性能衰减。当氢气或氧气渗透到相反的电极，并与对应的反应气反应时，就能产生混合电势，也就是说混合电势既能在阳极上产生，也能在阴极上产生。这些不良反应抵消了电极上的正常反应，由于这些不良反应会释放大量的热量，会在膜上形成热点，进而成为小孔，小孔的形成进而会加快窜气速度，从而形成了恶性循环。

同时，由于氟化物是膜聚合物中的一部分，可以电解成氟离子并随着水分排出，这意味着膜的化学成分会有所改变。维持膜中氟化物的浓度是延缓膜性能衰减和延长其使用寿命的一个较好措施。

如上所述，当电压、温度和湿度变化时会在膜上产生局部应力，局部应力会导致膜的破裂，加速反应气的窜气，从而减少燃料电池的寿命。Liu 等注意到机械加固型燃料电池膜不会因为窜气而出现快速且不可预测的失效，因而加固型膜的性能衰退是逐渐的一个过程，这是期望看到的。

3.2.1.4　双极板性能衰减机理分析

双极板的腐蚀同样会对燃料电池的寿命产生影响。研究表明主要有 3 种衰减机理：

① 双极板始终与水接触，当双极板材料溶解在水中后，或者被冲走，或者进入交换膜中时，若腐蚀的产物在膜中累积过多，则会对膜造成污染；

② 当双极板上出现有抗力的表层时，由于欧姆电阻的提高，会造成效率的下降；

③ 当采用高压力来密封燃料电池堆以保证良好的导电性能时，由此产生的机械压力可能会造成双极板的变形。

3.2.2　水热管理系统对燃料电池性能衰减的影响

3.2.2.1　水管理对燃料电池性能衰减的影响

最近的研究表明，稳定、有效的水管理系统对于保持燃料电池长期高效和稳定的工作非常重要。一方面，由于燃料电池质子交换膜的质子传导性能与膜的含水量直接相关，因此水管理系统对于保持质子交换膜的湿润，以维持其高效的质子传导效率非常重要。另一方面，当燃料电池内部累积了过量的水时，也会影响其性能和耐久性。燃料电池内部过量的液态水会阻塞流道和气体扩散层（GDL），如果出现这种情况，会立即导致燃料电池反应气体饥饿。反应气体饥饿指的是氢气或氧气的进入化学计量低于要求剂量。同时，过量的液态水会加速其他组件的腐蚀和污染。燃料电池处于水淹的时间越长，性能衰减越严重。因此，燃料电池中液态水的产生和排出应当处于平衡状态。经过加湿处理的反应气体在燃料电池阴极通过氧化还原反应会生成水，生成的水既可以通过液态水的形式排出，也可以通过蒸发，随着气流排出燃料电池。

（1）燃料电池水淹

水淹现象可以发生在燃料电池的阳极，但更多时候发生在燃料电池的阴极，因为燃料电池的氧化还原反应会在阴极生成液态水。有许多文献的作者研究了水淹现象，特别是阴极的水淹现象。水淹会导致气体传输的瞬间减少，特别是阴极的氧气，导致传输至电催化剂颗粒的反应气体减少，造成其输出功率的降低。同时，水会阻塞气体扩散层的小孔，阻碍反应气体到达催化剂表面，造成反应气饥饿，燃料电池的输出电压立即降低，可通过吹扫阴极和阳极来恢复燃料电池的输出电压。同时，由于水层的存在，气体扩散层表面的小孔尺寸可能会减小，也可以通过气体吹扫来缓解这一现象。

另外，当气体扩散层的某些小孔被阻塞或尺寸减小时，反应气体会被迫从其他通道通过，造成气体分压的降低。He 等认为气体分压的降低幅度与燃料电池的水淹等级直接相关，并认为气体分压的大小可作为燃料电池性能的一个指标。Weber 等提出了一个模型用以反映水淹现象对于气体扩散层的影响，并将此模型与一个质子交换膜的模型耦合起来。他们指出，扩散层小孔的疏水性影响着燃料电池的最大输出功率和最大输出电流，当扩散层小孔的亲水性较大时（此时气体扩散层更容易聚集较多的水），燃料电池的最大输出功率被限制，这是由于阴极氧气的传输会在气体扩散层处被限制，导致燃料电池的输出电流被限制。宾夕法尼亚州立大学的 Turhan 等在不同的进气速率、不同的电池压强和不同的反应气加湿情况下进行测试，测试结果表明，在低流速下，大部分的液态水聚集在流道内，当增加进气速率时，液态水的累积现象明显减轻；在燃料电池的反应气体被过量加湿的情况下，降低燃料电池的内部压力时，其内部的液态水增加；在燃料电池的反应气体加湿不足的情况下，降低燃料电池的内部压力时，其内部的液态水会减少。另外，Kowal 还研究了在纸张和布料两种气体扩散层下，燃料电池的输出电流对水淹的影响情况，研究并没有发现明显的趋势，但在两种不同的扩散层材料下，燃料电池表现出相同的性能。

长期的水淹现象会对燃料电池的耐久性产生严重的影响。过量的水分会加速电极、催化剂及其碳载体、气体扩散层和质子交换膜的腐蚀，双极板等腐蚀产生的杂质会沉积在催化剂表面，增加了燃料电池的欧姆损失，并造成电极的性能衰减。溶解的催化剂颗粒和上面提到的杂质也能够迁移到质子交换膜中并替换掉氢离子，长此以往会造成质子交换膜的质子电导率降低，最终导致燃料电池失效。

(2) 质子交换膜脱水

膜脱水更容易发生在阳极，性能不达标的水管理系统会导致膜脱水现象，膜脱水会导致瞬时的性能衰退，也会导致永久性的性能衰退。膜脱水的主要后果是质子交换膜的干燥。随着膜的脱水，膜的导电性能降低，离子交换的阻力增大，欧姆损失增大，这会导致电池潜在性能的下降以及暂时性的功率损失。虽然短暂的电压损失通常可以通过加湿得到恢复，其恢复时间与膜的厚度和水扩散系数共同决定，但是如果电池长时间处于脱水状态，会对膜造成严重的不可逆的损害。

Le Canut 将电池暴露在干燥环境中大约 12min，在这段时间内电池的电压由 0.8V 左右（电流密度：$0.1A/cm^2$）下降到 0.75V，在通过 15～20min 的加湿处理后，电压又能回到最初始的值。Büchi and Srinivasan 在文献中披露了在无外部加湿的情况下进行的寿命测试的数据，数据表明，膜组件在长期干燥的环境下性能衰减较快。在保持输出电压为 0.61V 恒定的前提下工作 1200h 后，电流密度由 $170mA/cm^2$ 降低到 $130mA/cm^2$，说明质子交换膜干燥不仅会降低燃料电池的使用寿命，还会降低其工作性能。

阳极脱水这一现象在电池单体的入口处更加严重，这是因为电池出口处水反扩散至阳极的结果。由于水合作用在阴极的出口处更加强烈，因此水的反扩散现象也越强烈。另外，在脱水的状态下，膜上的气孔收缩得也很严重，进一步降低了水的反扩散速率，在实际工作中此现象可能会因为热管理系统的性能较差而得到加剧。

根据文献，当燃料电池膜长时间暴露在干燥环境中时会变得易碎，进而产生裂纹，裂纹的产生会导致窜气，窜气后氢气和氧气会进行非控制内的反应，导致热点的出现。热点指的是膜上高化学活性的区域，氢气和氧气在这些区域内进行强烈的放热反应，进而导致膜会出现一些小孔，加剧窜气现象。总体来讲，工作环境越干燥，燃料电池的使用寿命就会越短。目前为止，还找不到决定性的研究成果来量化干燥的工作环境对燃料电池堆寿命的影响情况。

有三个原因可能会导致燃料电池膜的脱水：

① 提供加湿不足或干燥的反应气流，阴极的水和反应并不能单独弥补；

② 水分蒸发并通过流道排出燃料电池，燃料电池温度较高时此现象比较严重；

③ 电渗现象也可以导致阳极脱水状况的出现，电渗力在高电流密度区域较强，在高电流密度区域，水的反扩散并不能够保证阳极处于湿润状态。

Wang 指出在经历一个阶跃的电流密度之后，电渗力会立即将水分子从阳极带到阴极。

3.2.2.2　热管理系统对燃料电池性能衰减的影响

需要指出的是，本书所指的能量管理控制策略并不包括燃料电池冷启动控制策略，热管理系统对燃料电池性能衰减的影响主要指的是高温对燃料电池性能衰减的影响，因此，本小节仅分析燃料电池在高温下的性能衰减情况。

通常而言，燃料电池在 100℃ 以上的高温下能取得多方面的好处：

① 由于电化学运动得以加强，燃料电池效率提高，且对污染物的耐受性得以提高；

② 由于冷却液和电池温差的加大，水热管理系统性能得以加强；

③ 同时，余热也可以利用，一氧化碳中毒的概率减小，因此对氢气的纯净度要求变低。

虽然燃料电池工作在高温下能取得一些好处，但同时也会加快燃料电池的性能衰减速度。高温能降低催化剂的化学稳定性，也能加速其性能衰减和凝聚速度，这在描述催化剂及其载体性能衰减机理的章节已经详细介绍过。高温带来的第二个问题是阴极电势较高，这能使氧气分子分解为氧原子，氧原子在高温下易与炭和水反应，生成一氧化碳和二氧化碳，引起碳基的损失，进而引起催化剂的损失，影响其寿命。当燃料电池在高温下运行时，燃料电池交换膜的吸水量增加，导致膜的质子交换速度下降，特别是在相对较低的湿度环境中时，会较大程度地增加电阻损耗，严重影响燃料电池的性能。因此，一个性能好的热管理系统对减缓燃料电池的性能衰减速率非常重要。

3.2.3　几种典型车载工况下燃料电池的性能衰减机理分析

以上主要介绍了燃料电池各组件控制系统的性能衰减特性，此衰减特性适用于任何工作条件。在车载条件下，燃料电池系统会经历复杂多变的运行工况，可能会暴露在极寒和极热的环境温度，会经受一定的振动冲击，相比于固定的燃料电池系统和作为普通移动电源的燃料电池系统而言，车载燃料电池系统的性能衰减情况更为严重，造成其使用寿命的缩短。因此，有必要弄清楚燃料电池系统在不同车载环境下的性能衰减程度和相关机理，为制定整车能量管理控制策略和建立评价能量管理控制策略优良与否的评价体系提供理论依据。

本书所讨论的车载燃料电池的典型工况包括：动态加载工况，启动 / 停机工况，开路、息速、低载运行工况，高功率输出工况过程。

3.2.3.1　动态加载工况

动态加载工况是指车辆运行过程中，由于路况不同，燃料电池输出功率随载荷的变化过程，是车载燃料电池最为常见的一种运行工况。在此工作状态下，燃料电池的性能衰减速率会加快，影响其耐久性。Wahdame 等在恒定电流和实际工况动态电流下测试燃料电池堆的耐久性，首先用一个 100W 的燃料电池堆在恒定电流 50A 下运行 1000h，同时用另一个 100W 的燃料电池堆运行在实际工况动态电流下运行 700h，对比分析两个燃料电池堆的性能衰减速率发现，在放出相同电流的情况下，工作在实际工况动态电流的燃料电池性能衰减速率更快，通过实验证明，动态加载的确会加快燃料电池的性能衰减。

当燃料电池负载处于动态循环工况中时，燃料电池的性能衰减主要有以下 3 种机理：

① 燃料电池出现短期的反应物饥饿，造成个别单体出现"反极"现象，在质子交换膜或铂催化剂表面出现局部热点，加快质子交换膜和催化剂的性能衰减，同时碳载体可直接参与化学反应而遭到破坏；

② 燃料电池负载的变化会导致电势的变化，加快催化剂的溶解速度和碳载体的氧化速度，加快燃料电池的性能衰减；

③ 对水热管理系统的要求变高，可能会导致电极水淹、脱水或燃料电池温度过高，加快性能衰减速度。

燃料电池在快速加载的瞬间，由于供气系统的响应滞后于加载的电信号，导致供气系统不能够及时地供应足够的燃料和氧气来满足功率需求，造成燃料电池出现短期的"饥饿"现象。当燃料电池堆的流道设计存在缺陷，造成燃料电池堆的各单节燃料电池之间的阻力分配不均时，会出现若干燃料电池单体供气充足而其他燃料电池单体出现严重的短期饥饿现象。首先出现饥饿现象的燃料电池单体会出现反极现象，在阳极侧水会分解出氧气，在阴极侧氢离子会直接与电子结合生成氢气，此时会在阳极或阴极发生局部剧烈的氧化还原反应，在阴极或阳极产生混合电势，产生大量的热，造成局部热点，甚至失效。局部热点会加快铂催化剂和质子交换膜的性能衰减，高温通常会加速分子的运动，因此会加速铂催化剂的烧结，加快催化剂颗粒变大的过程，导致活性催化面积减小，燃料电池性能降低；膜长时间的化学腐蚀会导致其变得稀薄，如果此时在膜上形成热点，会导致小孔的形成，进而加快窜气速度，形成了一个恶性循环。同时，电池反极现象加速碳组件的腐蚀，进而导致电催化剂的腐蚀脱落，最终导致组件的损坏。清华大学的 Liu 等采用分析电流密度的方法来研究阴极或者阳极发生饥饿现象时燃料电池的运行情况，实验结果证明，当阴极和阳极分别出现反应气饥饿时，燃料电池的反应不同：当阳极出现氢气饥饿时，燃料电池的极化曲线出现一个峰值，此峰值处的电流超过了氢气供给的化学计量对应的值；而当阴极出现氧气饥饿时，燃料电池的极化曲线并没有出现此现象。

在燃料电池汽车的控制系统中，燃料电池通过负载电流的变化来反映负载功率的变化，这意味着当外界载荷变化时，燃料电池堆的电压和电流会相应地变化以满足外界负载的变化，这会导致阴极的电势变化。动态加载也会引起燃料电池阴极电位在 $0.6 \sim 0.9V$ 之间频繁变化，在车辆整个运行时间内，车用燃料电池要承受高达 30 万次电位动态加载循环。阴极电势的变化会造成铂催化剂和碳载体加速氧化，同时铂催化剂和碳载体表面变得越来越疏水。此外，当阴极的电势快速升高时，铂催化剂的表面会被快速溶解，直到形成一层钝化的保护膜为止，因此当燃料电池处于高电势时，氧气的存在有助于防止铂催化剂的表面溶解。为了说明铂催化剂表面的溶解现象，Patterson 在动态电压循环工况下对燃料电池进行了实验，并提供了燃料电池电化学活性面积快速减少的相关数据。Darling 和 Meyers 利用 Patterson 提供的数据建立简单的模型来预测铂催化剂溶解的速率和氧化的速率，结果显示，铂催化剂在低电压和高电压下都相当稳定，但在低电压和高电压之间过渡时的某一电压下会快速溶解。当考虑铂催化剂的溶解及其稳定性时，不仅要考虑其在固定电势下的稳定性，更要考虑其在电势循环中的稳定性。

燃料电池动态加载过程中可能会导致燃料电池内部水平衡失衡，造成电极水淹，水淹会加剧燃料电池各组件的性能衰减速度，也能导致质子交换膜的活性降低，同时由于液态水堵塞气体通道，反应气饥饿现象更容易出现。如果燃料电池长时间处于高负载输出工况，电极会出现脱水现象，使质子交换膜变得脆弱，容易撕裂。另外，动态加载也容易造成燃料电池热平衡失衡，加剧燃料电池各组件的腐蚀。

为了对燃料电池在动态加载工况下的性能衰减机理有更加直观的认识，将以上性能衰减机理整理成框图的形式，如图 3.7 所示。

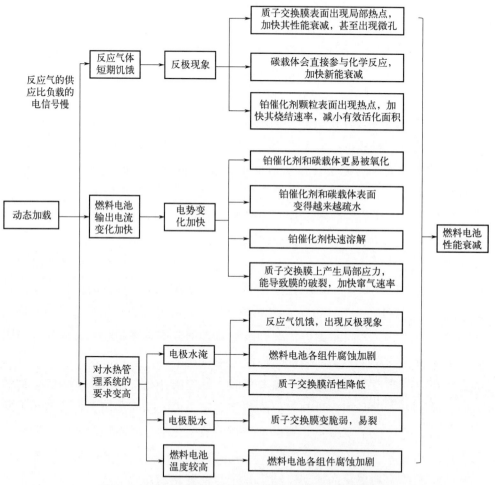

图 3.7　燃料电池在动态加载工况中的性能衰减机理框图

一方面可以通过采用新材料和新工艺增强燃料电池关键组件的耐久性来减缓动态加载对燃料电池性能衰减的影响；另一方面可以配置一定容量的二次电源

（如蓄电池和超级电容等），通过改善控制策略来减轻燃料电池的功率波动情况，同时控制二次电源的充放电，维持其荷电状态在一定的范围之内。

3.2.3.2 启动 / 停机工况

本书所讨论的启动 / 停机工况并不包括冷启动过程。根据 UDDS 工况统计，车用燃料电池启动 / 停机平均 7 次 /h，在目标寿命 5500h 内，次数累计高达 38500 次，若每次启动 / 停机过程是 10s，则阴极暴露 1.2V 以上时间可达100h。Owejan、Du 和 Pei 等通过实验证明了启动 / 停机过程会造成燃料电池性能快速衰减，衣宝廉、Yomfi-Stdner 和余意等都认为启动 / 停机过程中存在于燃料电池阴极中的超高电位是导致燃料电池性能快速衰减的主要原因，超高电位指的是高于开路电位的电压，出现超高电位是因为在启动 / 停机过程中阳极会出现氢氧界面，进而导致反向电流的产生，反向电流是产生超高电位的直接原因。

燃料电池在启动 / 停机过程中都会出现氢氧界面。在燃料电池正常运行时，阳极充满氢气，阴极充满氧气或空气，停机以后，氧气会逐渐渗透和扩散至阳极，从而导致残余氢气与氧气接触，形成氢氧界面。氧气渗透和扩散至阳极有两条途径：一是阳极和阴极之间存在氧气浓度差，阴极的氧气会缓慢地渗透和扩散，逐渐通过质子交换膜到达阳极，导致氢氧界面的形成；二是渗透至阳极的氧气也可能来自外界空气，阳极的尾气管是外界空气进入阳极的通道。随着停机时间的增加，阳极中的氢气逐渐被消耗殆尽，阳极的流道中充满了空气，这是一个非常缓慢的过程。由于阳极在停机之后已经充满空气，在下一次启动燃料电池时会直接向阳极流道中通入氢气，此时氢气与氧气又直接接触，形成氢氧界面。随着通入的氢气量越来越多，氢氧界面快速移动直至流道出口，当所有的氧气被赶出阳极时，氢氧界面不再存在，此时两极间存在的电压为开路电压。相比之下，启动过程中氢氧界面形成的速度更快，界面两端氢气和氧气的量充足，局部反向电流也更大，但是由于氢气的持续通入，氢氧界面存在的时间较短。另外，在燃料电池启动并逐渐加载的过程中，燃料电池阳极的局部区域可能会出现气体饥饿现象，导致阴阳两极间存在压力差，使得阴极的空气也会通过质子交换膜扩散到阳极，从而在阳极形成氢氧界面。

由于阳极中氢气和氧气的存在，在催化剂的催化下氢与氧气发生剧烈的氧化还原反应，形成与正常电流方向相反的局部电流，称为反向电流。由于反向电流的存在，阴极出现高于开路电压的超高电位。在这样的一个高电位下，一方面催化剂载体很容易被氧化和腐蚀，导致铂催化剂颗粒逐渐脱落而减少，从而导致燃料电池系统性能的下降和寿命的减少；另一方面，铂催化剂颗粒本身会逐渐聚合，尺寸变大，导致有效活化面积减小，从而引起燃料电池的性能衰减。

为了对燃料电池在启动/停机工况下的性能衰减机理有更加直观的认识，将以上性能衰减机理整理成框图的形式，如图3.8所示。

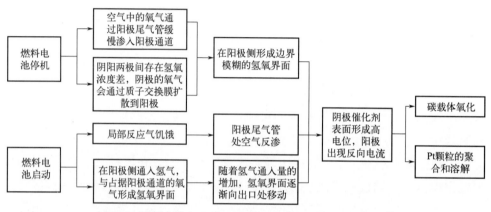

图3.8 燃料电池在启动/停机工况中的性能衰减机理框图

为了减轻启动/停机过程对燃料电池性能衰减的影响，有的学者提出采用更加稳定的催化剂载体材料来代替现有的碳载体。其中，由于石墨化碳材料的使用能够减小气体扩散层的传质极化，特别是在微孔层和电极的界面处的传质极化，因此石墨化的碳载体被经常用来降低启动/停机过程中燃料电池的性能衰减。Yu、Owenjan等通过实验证明采用石墨化的碳载体能够大大减轻启动/停机循环对燃料电池性能衰减的影响。除了石墨化的碳材料之外，碳纳米纤维和碳纳米管等化学稳定性较好的碳材料也可以用来作为催化剂的载体，但是这些合成的碳材料成本高，严重地阻碍了其商业化道路。

相比于采用稳定性高的新型碳载体材料，更多的学者提出了更加现实和切实有效的燃料电池系统启动/停机过程的系统控制策略，以防止在启动/停机过程中氢氧界面的形成，降低其性能衰减程度。其中，中国科学院大连化学物理研究所指出氢气和氧气的进气速率会影响氢氧界面的持续时间，如果氢氧界面在实际中不可避免，为了将损害降到最低，氢气和氧气应尽快充满阳极和阴极流道。正是基于此原因，UTC公司的Reiser提出在停机过程中利用空压机压缩空气吹扫阳极，排出流场内残余的氢气。实验表明，在没有吹扫时 250 次的启动 / 停机循环下电压下降了 0.2V，而采用空气吹扫阳极的系统策略以后，500 次的启动 / 停机循环下电压仅仅下降了 0.055V。同样是采用空气吹扫阳极，来自 GM 的 Wagner 指出当燃料电池堆的温度降低到一个合理值后再进行空气吹扫会更加有效地提高燃料电池的耐久性和使用寿命。另外，在燃料电池的启动过程，Reiser 提出一种利用富含氧气的空气混合气体来作为吹扫气体的控制策略，能有效减少碳基的腐蚀。氮气是一种安全的惰性气体，有学者提出在停车过程用氮气对阴阳两极流道进行吹扫能有效抑制氢氧界面的形成，减轻启动 / 停机过程中燃料电池的性能衰减，但由于阳极对氢气的吸附能力较强，这种方法有时会对燃料电池本身造成伤害。事实证明，在启动阶段用氮气吹扫，在停车阶段增加虚拟负载能有效避免氢氧界面的形成，减少对燃料电池的损坏，延长其使用寿命。

3.2.3.3　开路、怠速和低载运行工况

当燃料电池处于开路、怠速和低载运行工况时，其输出电压处于较高范围，阴极电位通常为 0.85 ～ 1.0V，如果不从控制策略上采取一定的措施，在整个车辆使用寿命周期内，燃料电池怠速时间可达 1000h。根据燃料电池各组件性能衰减相关机理可知，铂颗粒的腐蚀和尺寸增大与电池的电势有关，通常情况是高电势下铂颗粒的腐蚀和凝聚速度快，但其腐蚀和凝聚速度慢于变电势循环，如果在高电势区间变电势循环，催化剂腐蚀和凝聚的速度最快。Borup 等根据两种不同电压变化范围的电压循环工况分别进行了 3 个时间长度的实验，第一个电压循环工况中单体电压的变化范围为 0.1 ～ 0.75V，第二个电压循环工况中单体电压的变化范围为 0.1 ～ 0.1.2V，实验时间长度分别为 300h、900h 和 1500h。实验结果表明，低电压循环 300h 后，燃料电池电化学有效活性面积降低为原来的 96%，同样的时间内高电压循环后燃料电池电化学有效活性面积却只有原来的 60%。同样的实验方法，900h 后电化学有效活性面积分别为原来的 90% 和 23%，1500h 后分别为 83% 和 11%。由此可见，为了延缓燃料电池的性能衰减，应当尽量少让其工作在开路、怠速和低载运行区间。

另外，当燃料电池汽车连续地处于低载荷运行状况时，反应气体进气速率低，流速慢，根据宾夕法尼亚州立大学的 Turhan 等的研究成果，当燃料电池内部反应气体的流速较低时，会造成液态水聚集在流道内。同时，当进气速率较低时，燃

料电池的内部压力会降低，容易造成水淹现象。水淹会阻塞气体扩散层的小孔，阻碍反应气体到达催化剂表面，造成反应气饥饿，燃料电池的输出电压立即降低，甚至会出现反极现象，造成燃料电池性能衰减。同样是从进气速率方面进行考虑，Reiser 和 Landau 却有不同的见解，他们在专利中指出，当减少进入阴极的进气量时，会导致不同燃料电池单体的电流密度分布不均匀，靠近进气口的燃料电池单体电流密度大而靠近排气口的燃料电池单体电流密度小，这种现象会导致燃料电池在进气口周围区域过热，造成燃料电池组件额外的性能损失，甚至破裂损坏。

为了对燃料电池在开路、怠速和低载工况下的性能衰减机理有更加直观的认识，将以上性能衰减机理整理成框图的形式，如图 3.9 所示。

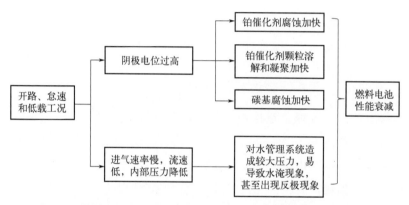

图 3.9　燃料电池在开路、怠速和低载工况中的性能衰减机理框图

由此可见，燃料电池运行在低载或怠速工况时，会对其性能和耐久性造成重大影响，除了采用抗腐蚀能力更强的催化剂载体材料之外，也可以从系统控制策略层面采取一定的措施。一方面，可以从燃料电池系统控制策略上采取措施，美国 UTC 公司在一项专利中阐述了怠速限电位的方法，他们提出通过调小空气量同时循环尾排空气、降低氧浓度的办法，达到抑制电位过高和减少燃料电池单体电流密度分布不均匀的目的。另一方面，可以从混合动力系统能量管理层面采取一定的措施。衣宝廉指出通过配置一定容量的二次电源，在低载时控制燃料电池给二次电池充电，提高燃料电池的总功率输出，降低阴极电位，但是燃料电池给二次电池的充电量也相当可观，这会对配置二次电池的容量提出一定的要求，否则燃料电池可能会启动 / 停机频繁，造成燃料电池的性能衰减。不仅如此，根据燃料电池的效率特性曲线可知，在燃料电池功率由零升高到某一阈值之间时，燃料

电池的效率快速上升，在阈值处达到最大值，之后维持在较高的水平。因此，燃料电池在低载荷区间往往效率较低，不利于燃料电池混合动力系统整体效率的提高。所以，无论是从燃料经济性方面考虑，还是从保护燃料电池使用寿命方面考虑，都应该尽量让燃料电池的工作点避开低载区间，也不应该让燃料电池处于怠速运行状态。

3.2.3.4 高功率输出工况

许多学者都指出燃料电池在高功率输出时会引起燃料电池性能衰减速度加快。Pei 在根据实验数据研究燃料电池的工作条件对其使用寿命的影响程度时指出，燃料电池高功率输出会造成其性能的快速衰减，当其工作在单体输出电压的最低允许值时，每小时的电压衰减速率为 0.00147%。Endoh 等针对燃料电池单体进行高电流密度下的性能衰减实验，当电流密度为 1.07A/cm² 时，在进行了 1000h 的实验之后，燃料电池对应的衰减速率为 54μV/h，远高于恒定状态下燃料电池的性能衰减速率。Xie 等分析了燃料电池在定电流输出后的极化曲线，他们发现相比于其他电流密度下的电压衰减速率，在电流密度大于 0.8A/cm² 的区域，燃料电池的输出电压衰减明显加快。

关于燃料电池在高功率输出工况中的性能衰减机理，张新丰等研究发现高功率输出对高分子膜和铂催化剂及其碳载体的性能衰退产生剧烈的影响。Lin 等在研究动态循环对于燃料电池性能衰减的影响时指出，高电流密度会影响膜与催化剂的连接，会改变催化剂的形态，以及改变催化剂颗粒尺寸大小，导致燃料电池在高电流密度下的性能衰减速率比低电流密度下的衰减速率快。燃料电池膜的一种性能衰减机理是阴极的氧化反应生成的羟基和过氧化羟基自由基对其的化学腐蚀。更高的电流密度意味着更高的氧化还原反应速率，导致更多的羟基自由基和过氧化羟基自由基的生成，它们将引起阴极的质子交换膜严重的腐蚀，加快其性能衰减。燃料电池质子交换膜性能衰减的表征为其阻抗的增加，电池的阻抗主要指的是质子交换膜和电催化层对质子的传输能力。有两个途径会增加燃料电池的阻抗：

① 膜的降解导致膜和催化层的交界面阻抗的增加；

② 催化层聚合物的衰减导致催化剂颗粒和聚合物网络之间阻抗的增加。

为了对燃料电池在高功率输出工况下的性能衰减机理有更加直观的认识，将以上性能衰减机理整理成框图的形式，如图 3.10 所示。

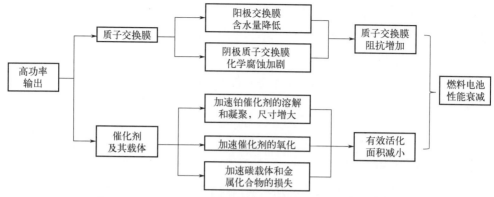

图 3.10　燃料电池在高功率输出工况下的性能衰减机理框图

为了减小燃料电池在高功率输出工况下的性能衰减速度，一方面可以增加催化剂及其载体的稳定性以及增加质子交换膜的抗氧化能力，另一方面也可以通过优化控制策略减少燃料电池工作在高功率工况的时间。

3.3
燃料电池衰减模型的建立

燃料电池在宏观上不存在易磨损、失效的活动部件，但是燃料电池内部是由结构相对精确的组件组成的，微观尺度上的微小变化都可能导致燃料电池性能的巨大变化。在质子交换膜燃料电池中存在多种衰减机制，其耐久性是一个复杂而庞大的研究领域。燃料电池的衰减主要取决于其运行工况、氢气和空气的杂质、温度、湿度等。燃料电池汽车的能量管理控制策略能够在一定程度上减少几种不利运行工况对燃料电池性能衰减的影响，而其他可能导致燃料电池衰减的因素可由特定的燃料电池辅助子系统来减弱。

有许多学者对燃料电池寿命预测进行了建模研究。张新丰等建立了基于负载曲线的燃料电池寿命预测经验模型。首先计算负载电流的特征值 m_{cur}。对负载曲线电流密度进行离散傅里叶变换，得到电流密度频谱 $F(\omega) = \mathrm{DFT}\,|i(n)|$。由于燃料电池瞬态响应存在限制值，给出电流权重函数 $w_{cur}(\omega)$，权重与电流频率正相关：

$w_{cur}(\omega) = k_1\omega + 1$。基于电流权重函数和电流密度频谱给出电流特征值计算方程,见式(3.4)。

$$m_{cur} = \begin{cases} \dfrac{1}{T}\displaystyle\int_0^{\omega_{max}} F(\omega)w_{cur}(\omega)\mathrm{d}\omega + 1 \\[3mm] \dfrac{1}{N}\displaystyle\sum_{n=1}^{N} F(\omega_n)w_{cur}(\omega_n) + 1 \end{cases} \tag{3.4}$$

然后根据负载电压计算负载电压特征值 m_{vol}。根据电压 - 时间关系,得到电压频率密度 $H(v)$。将电压分为低电流的高电压区、过电流的低电压区和合适电压区,并以此为依据设计权重函数 $w_{vol}(v)$。电压特征值计算方程见式(3.5)。

$$m_{vol} = \begin{cases} \dfrac{1}{v_{max} - v_0}\displaystyle\int_0^{\omega_{max}} H(v)w_{vol}(v)\mathrm{d}v \\[3mm] \dfrac{1}{N}\displaystyle\sum_{n=1}^{N} H(v_n)w_{vol}(\omega_{nv}) \end{cases} \tag{3.5}$$

最后得出负载功率特征值 $\varphi = m_{cur}m_{vol}$。定义燃料电池寿命 $T_{cell} = 0.1 \times V_{rated}/v(\dot{\varphi})$,其中 $0.1 \times V_{rated}$ 为燃料电池允许衰减电压;$v(\dot{\varphi})$ 为电压平均衰减率。基于多个文献中燃料电池在不同负载下的实验数据并拟合出相关系数,最后得到基于负载功率曲线的燃料电池寿命预测模型。该预测模型仅适用于已知燃料电池运行工况下对其寿命进行预测,无法实时评估燃料电池衰减情况。

裴普成等根据燃料电池在动态加载、启停循环、怠速/低载和高功率输出等不利工况下的衰减实验结果,建立了一种车用燃料电池寿命快速评价方法,燃料电池预计寿命 T_f 见式(3.6)。

$$T_f = \frac{\Delta P}{k_p(p_1'n_1 + p_2'n_2 + p_3't_1 + p_4't_2)} \tag{3.6}$$

式中,ΔP 为燃料电池从初始到寿命终止定义的衰减上限;k_p 为加速系数;p_1'、p_2'、p_3' 和 p_4' 分别为动态加载、启停循环、怠速/低载和高功率输出等不利工况实验得到的燃料电池衰减率,它们的数值基于燃料电池加速衰减实验数据;n_1、n_2、t_1 和 t_2 分别是动态加载次数、启停循环次数、怠速时间和高功率输出时间,它们取决于特定的车辆运行工况。

上述都是燃料电池寿命估计模型,能够根据燃料电池在某种特定工况下的功率输出情况来预估燃料电池寿命。而本书需要建立燃料电池堆在不同工况下、不同能量管理策略控制下运行时均能反映其衰减的衰减模型。

3.3.1　燃料电池衰减模型的建立

在常规的燃料电池衰减模型中，燃料电池的衰减通常被认为是时间的函数，而不是燃料电池运行状态（工况）的函数。

本书建立燃料电池衰减模型主要是为了后续评估不同能量管理策略对燃料电池耐久性的影响，并以此作为能量管理策略优化的度量衡。所以本书建立的燃料电池衰减模型主要是基于燃料电池输出功率及其变化，即基于燃料电池运行工况，统计每一步长 t 下燃料电池功率对应的燃料电池电压衰减。

由于实验条件不足，无法对本书研究对象所使用的燃料电池电堆进行最相对应、最具针对性的寿命实验，以收集可用于建立衰减模型的实验数据。裴普成团队研究了功率输出为 10kW 级别的燃料电池电堆，他们对该燃料电池电堆在几种不利运行工况下的衰减进行了测试：首先测试的是燃料电池启停循环导致的衰减，得到启停循环下的性能衰减速率为 0.00196%/ 循环；然后测试的是燃料电池怠速运行导致的衰减，其测试结果减去实验过程中启停循环导致的衰减，为 0.00126%/h；他们定义燃料电池负载从怠速状态加载至额定输出功率状态为一个动态加载循环，将动态加载循环实验得到的衰减减去实验过程中启停和怠速带来的衰减，得到动态加载衰减速率为 0.0000593%/ 循环；最后进行的是燃料电池高功率输出衰减实验，该实验结果减去实验过程中启停及怠速导致的衰减，得到燃料电池高功率衰减速率为 0.00147%/h。整个测试过程严谨，本书将根据其实验结果进行燃料电池衰减建模。

根据上述燃料电池在几种不利工况下的衰减实验数据，设衰减模型的仿真步长为 t（单位：s），则到第 n 个仿真步长时燃料电池电压衰减见式（3.7）及式（3.8）。

$$D_{fc} = \sum_{1}^{n} (d_{start-stop} + d_{low} + d_{load\_change} + d_{high}) \tag{3.7}$$

$$\begin{cases} Signal_{engine\_on,n-1} = 0, Signal_{engine\_on,n} = 1, d_{start-stop} = 1.96 \times 10^{-3}, else\ d_{start-stop} = 0 \\ 0 \leq P_{fc} < P_{low}, Signal_{engine\_on,n} = 1, d_{low} = 1.26 \times 10^{-3} \times \dfrac{\Delta t}{3600}, else\ d_{low} = 0 \\ d_{load\_change} = 5.93 \times 10^{-5} \times \dfrac{|P_{fc,t=n} - P_{fc,t=n-1}|}{(P_{high} - P_{low}) \times 2} \\ P_{fc} > P_{high}, d_{high} = 1.47 \times 10^{-3} \times \dfrac{\Delta t}{3600}, else\ d_{high} = 0 \end{cases} \tag{3.8}$$

式中，D_{fc} 为第 n 个仿真步长时燃料电池电压累计衰减比例，%；$d_{start-stop}$、d_{low}、d_{load_change}、d_{high} 分别为单个仿真步长下启停、怠速、动态加载及高功率输出工况下燃料电池电压衰减比例，%；$Signal_{engine\_on,n}$ 为第 n 个仿真步长对应的燃料电池启动信号（0 表示停机，1 表示正常运行）；P_{fc} 为燃料电池输出功率；P_{low} 为燃料电池怠速工况输出功率阈值；P_{high} 为燃料电池高功率输出功率阈值。

当燃料电池处于低载或怠速运行状态时，阴极电位通常处于较高值，一些文献指出该值为 $0.85 \sim 0.9V$，专利指出该临界值约为 $0.85V$。燃料电池高功率输出的单体电压临界值为 $0.7V$。结合上述数据，当燃料电池单体电压大于 $0.85V$ 时笔者认为其处于怠速低载运行状态，当燃料电池单体电压小于 $0.7V$ 时笔者认为燃料电池堆处于高功率输出状态。

燃料电池净输出功率与燃料电池单体电压的关系如图 3.11 所示，所以根据怠速/低载工况和高功率输出工况的定义，取 $P_{low}=3.19\,kW$，$P_{high}=25.82\,kW$。

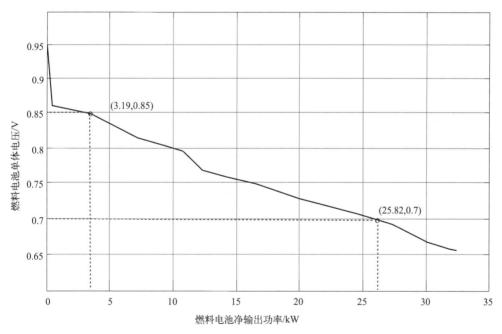

图 3.11　燃料电池净输出功率与燃料电池单体电压的关系

根据式（3.4）及式（3.5），建立燃料电池衰减模型，如图 3.12 所示。

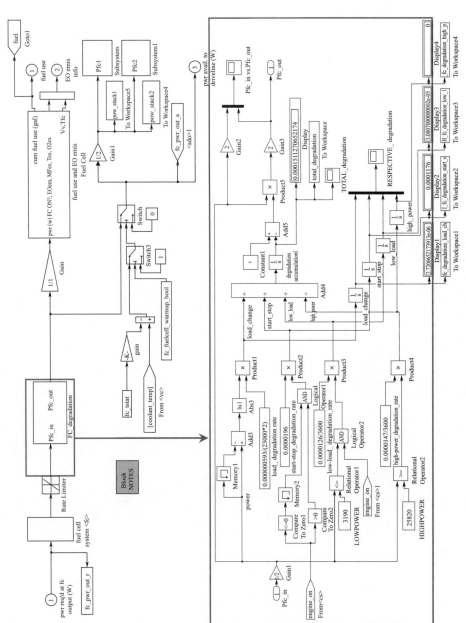

图 3.12 燃料电池衰减模型

3.3.2 燃料电池衰减模型的仿真结果

为了评估上述燃料电池衰减模型的实用性，需验证燃料电池衰减仿真模型输出结果与燃料电池电堆实际表现的特性是否趋于一致。

首先制定恒温器控制策略，其具体控制思想是：当动力蓄电池的能量充足时，燃料电池不开启，仅由动力蓄电池提供负载所需的功率以及电能，此时的动力蓄电池处于电量消耗模式。仅当蓄电池的 SOC 达到预先设定的 SOC 下限值时，燃料电池开启工作，按照设定的功率输出电能驱动负载运行，同时富余的能量为车载动力蓄电池充电。当蓄电池 SOC 重新达到预先设定的 SOC 上限值时，燃料电池关闭，车辆再次进入仅由动力蓄电池供电的电量消耗模式。在此取蓄电池 SOC 上限为 0.9，下限为 0.4，燃料电池单堆持续输出功率为 20kW（双堆40kW）。

在恒温器能量管理策略控制下，取仿真步长为 1s，运行 10 个 UDDS 循环工况，燃料电池衰减率仿真结果如图 3.13 所示。10 个 HWFET 循环工况后燃料电池衰减率仿真结果如图 3.14 所示。

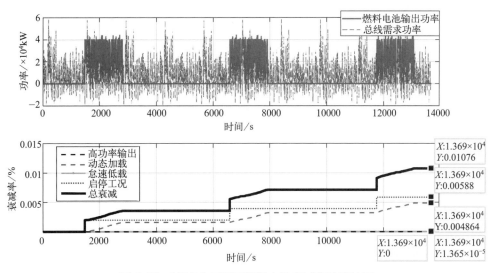

图 3.13 UDDS 工况下燃料电池衰减率仿真结果

UDDS 及 HWFET 两种工况下燃料电池衰减率仿真结果如表 3.1 所示。当燃料电池寿命终止允许的电压衰减率为 10% 时，以燃料电池衰减模型在同一策略控制的两种工况衰减率仿真结果，结合仿真时间，得到燃料电池堆折合寿命分别为

1032.858h 和 1257.246h。根据美国能源部（Department of Energy，DOE）2009 年的分析报告，当时车用燃料电池的寿命接近 2000h，但还达不到 5000h。石伟玉等制定了包含 4 个电流密度（150mA/cm²、500mA/cm²、600mA/cm²、800mA/cm²）的模拟车用工况，采用该工况对燃料电池进行了 1000h 寿命测试，按照 10% 的电压衰减标准计算，当电流密度为 800mA/cm² 时，推算寿命约为 3900h。目前来说，车用燃料电池堆寿命一般在几千小时，该燃料电池衰减模型仿真结果合理，具有可信性。

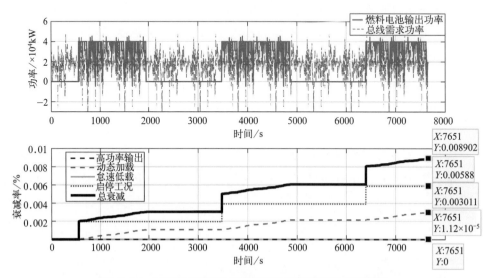

图 3.14　HWFET 循环工况下燃料电池衰减率仿真结果

表 3.1　UDDS 及 HWFET 两种工况下燃料电池衰减率仿真结果

循环工况	UDDS	HWFET
启停工况衰减率 /%	0.0058800000000000	0.0058800000000000
怠速工况衰减率 /%	0.0000136500000000	0.0000112000000000
动态加载工况衰减率 /%	0.0048639848782813	0.00301053142703615
高功率输出衰减率 /%	0	0
总衰减率 /%	0.0107576348782813	0.0089017314270361
寿命终止允许衰减率 /%	10	10
仿真时长 /s	13690	7650
燃料电池工作时长 /s	4000	4029
车辆折算运行寿命 /h	3534.957	2387.176
燃料电池堆折算寿命 /h	1032.858	1257.246

3.4
燃料电池系统建模与控制

为了研究燃料电池系统的动态响应能力，需要建立燃料电池系统动态模型。车用燃料电池系统包括空气供应系统、氢气供应系统、电堆和水热管理系统。对于氢气供应系统，储氢罐中的高压氢气经减压阀减压后，由喷氢引射器将氢气供入电堆。由于喷氢引射器结构复杂，难以建模，因此本书不对氢气供应系统进行详细建模，而是由文献中基于实验结果的经验公式对阳极侧模型进行修正。对于空气供应系统，空气经空压机压缩后通过中冷器和加湿器将温度和湿度控制在一定范围，然后进入电堆与氢气发生反应。本章在假设水热管理系统能完美实现电堆水热平衡的基础上，采用 Pukrushpan 的建模思路，重点建立空气供应系统（空压机、进气管道）和电堆的模型，然后根据论文中的实验公式修正阳极模型，使模型更符合实际情况。

3.4.1　燃料电池辅助部件模型

3.4.1.1　空压机动态模型

燃料电池系统常用的空气压缩机有离心式压缩机和螺杆式压缩机。从控制角度来说，螺杆式压缩机优于离心式压缩机，原因是：螺杆式压缩机工作转速较低，转速越低，系统的安全性越好；恒定转速时，螺杆式压缩机的流量特性曲线近似一条直线，受压力的影响远小于离心式压缩机，易于控制；离心式压缩机在控制时要考虑喘振现象，控制系统复杂。本书建模采用的是 UQM 公司某型号的螺杆式压缩机。

空压机动态模型主要由以下公式表示。

$$\begin{cases} \dfrac{d\omega_{cp}}{dt} = \dfrac{1}{J_{cp}}(\tau_{cm} - \tau_{cp}) \\[2mm] \tau_{cm} = \eta_{cm}\dfrac{k_t}{R_{cm}}(v_{cm} - k_v\omega_{cp}) \\[2mm] \tau_{cp} = \dfrac{c_p}{\omega_{cp}} \times \dfrac{T_{atm}}{\eta_{cp}}\left[\left(\dfrac{p_{sm}}{p_{atm}}\right)^{\frac{\gamma-1}{\gamma}}\right]W_{cp} \end{cases} \quad (3.9)$$

式中，ω_{cp} 为转动角频率；J_{cp}、τ_{cm}、τ_{cp} 为空压机转动惯量、空压机电机力矩和负载力矩；η_{cm} 为电机的机械效率；v_{cm} 为电机电压；k_t、k_v、R_{cm} 为电机常数；c_p 为空气比热容；p_{sm} 为供气管道压力；T_{atm}、p_{atm} 分别为大气温度和压力；γ 为空气的热比率系数；W_{cp} 为空压机出口空气流速。

空压机出口的气体温度可表示为

$$T_{cp,out} = T_{atm} + \frac{T_{atm}}{\eta_{cp}} \left[\left(\frac{p_{sm}}{p_{atm}} \right)^{\frac{\gamma-1}{\gamma}} - 1 \right] \tag{3.10}$$

通过空压机转速和压缩比，可由 MAP 得到出口空气流量及效率。如图 3.15 所示为本书采用的双螺杆空压机的特性图。该空压机的最大转速为 18000r/min，最大流量为 350m³/h，最大压缩比为 2.3。

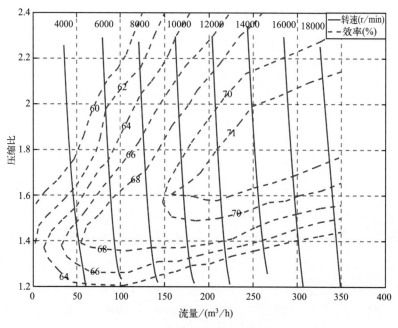

图 3.15　双螺杆空压机的特性图

3.4.1.2　进气歧管集总模型

本书将进气管道当成一个整体，建立进气歧管的集总参数模型。进气管道的动态模型表示为

$$\frac{dm_{sm}}{dt} = W_{cp} - W_{sm,out} \tag{3.11}$$

式中，m_{sm} 为进气管道中空气的质量；$W_{sm,out}$ 为管道出口气体流量。

由于进气管道出口处压差较小，质量流速与压差可以近似成线性关系，则进气管道的出口流量为

$$W_{sm,out} = k_{sm,out}(p_{sm} - p_{ca}) \tag{3.12}$$

式中，$k_{sm,out}$ 为进气歧管出口流量常数；p_{sm} 为进气歧管中空气的压力；p_{ca} 为阴极压力。

3.4.2 燃料电池电堆模型

燃料电池电堆模型主要包括四个相互联系的子模型：阳极模型、阴极模型、质子交换膜水合模型和电堆电压模型（图 3.16）。下面将对四个子模型进行详细建模。

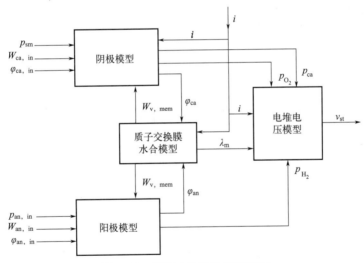

图 3.16　燃料电池电堆模型框图

3.4.2.1　电堆电压模型

燃料电池可以直接将化学能转换为电能。在燃料电池反应过程中，电压损失主要由三部分组成：活化损失、欧姆损失和浓度损失。燃料电池单体电压可以表示为

$$v_{fc} = E_{nernst} - v_{act} - v_{ohm} - v_{conc} \tag{3.13}$$

式中，E_{nernst} 为能斯特电压；v_{act} 为活化损失；v_{ohm} 为欧姆损失；v_{conc} 为浓度损失。根据化学反应动力学，燃料电池的开路电压可以表示为

$$E_{nernst} = 1.229 - 8.5 \times 10^{-4}(T_{fc} - 298.15) + 4.308 \times 10^{-5} T_{fc}(\ln p_{H_2} + \frac{1}{2}\ln p_{O_2}) \quad (3.14)$$

式中，T_{fc} 为燃料电池温度，本书建立的模型不考虑电堆的水热管理，因此假设燃料电池内部温度恒定；p_{H_2} 为阳极氢气分压；p_{O_2} 为阴极氧气分压。

由于参与化学反应的物质需要达到活化态，而反应物达到活化态需要打破化学键，打破化学键需要的能量即为活化损失。燃料电池的阳极和阴极都存在活化损失，但是阳极的活化损失比阴极的活化损失小得多，因此忽略阳极的活化损失，只考虑阴极的活化损失。阴极的活化损失可以计算为

$$v_{act} = v_0 + v_a(1 - e^{-c_1 i}) \quad (3.15)$$

式中，v_0 是电流密度为 0 时的电压降；c_1 为常数。v_0、v_a 均是氧气分压和温度的函数，具体的函数关系表示为

$$v_0 = 0.279 - 8.5 \times 10^{-4}(T_{fc} - 298.15) + 4.308 \times$$
$$10^{-5} T_{fc}\left[\ln\frac{p_{ca} - p_{sat}}{1.01325} + \frac{1}{2}\ln\frac{0.1173(p_{ca} - p_{sat})}{1.01325}\right] \quad (3.16)$$

$$v_a = (-1.618 \times 10^{-5} T_{fc} - 1.618 \times 10^{-2})\left(\frac{p_{O_2}}{0.1173} + p_{sat}\right)^2 +$$
$$(1.8 \times 10^{-4} T_{fc} - 0.166)\left(\frac{p_{O_2}}{0.1173} + p_{sat}\right) + (-5.8 \times 10^{-4} T_{fc} - 0.5736) \quad (3.17)$$

欧姆损失是反应过程中电子和离子传输电阻导致的电压损耗。离子的传输比电子的传输难得多，因此主要考虑离子的传输电阻。离子传输造成的电压损耗是由离子电阻引起的，这种电压降遵循欧姆定律。因此，欧姆损失可以表示为

$$v_{ohm} = iR_{ohm} \quad (3.18)$$

$$R_{ohm} = \frac{t_m}{\sigma_m} \quad (3.19)$$

式中，i 为电流密度；R_{ohm} 为欧姆电阻；t_m 为质子交换膜的厚度；σ_m 为质子交换膜的电导率。

电导率是膜的湿度和温度的函数，可以表示为

$$\sigma_m = b_1 \times \exp\left[b_2\left(\frac{1}{303} - \frac{1}{T_{fc}}\right)\right] \quad (3.20)$$

$$b_1 = b_{11}\lambda_m - b_{12} \tag{3.21}$$

式中，b_{11}、b_{12}、b_2 是与质子交换膜类型有关的常数；λ_m 为膜的含水量。

浓度损失是由质量传输过程中反应物浓度不同造成的损失，也叫浓差损失。浓度损失可以表示为

$$v_{conc} = i\left(c_2 \frac{i}{i_{max}} \right)^{c_3} \tag{3.22}$$

$$c_2 = \begin{cases} \left(7.16\times10^{-4}T_{fc} - 0.622\right)\left(\dfrac{p_{O_2}}{0.1173} + p_{sat}\right) + \left(-1.45\times10^{-3}T_{fc} + 1.68\right), \dfrac{p_{O_2}}{0.1173} + p_{sat} < 2\text{atm} \\ \left(8.66\times10^{-5}T_{fc} - 0.068\right)\left(\dfrac{p_{O_2}}{0.1173} + p_{sat}\right) + \left(-1.6\times10^{-4}T_{fc} + 0.54\right), \dfrac{p_{O_2}}{0.1173} + p_{sat} \geqslant 2\text{atm} \end{cases}$$
$$\tag{3.23}$$

式中，i_{max} 为最大电流密度；c_3 为常数；1atm=101325Pa。

将式（3.14）～式（3.23）代入式（3.13），可计算得到燃料电池的单体电压。燃料电池有多个单片，本书不考虑各单片的一致性问题，因此燃料电池的电堆输出电压与片数 n 的关系计算为

$$v_{st} = nv_{fc} \tag{3.24}$$

燃料电池的输出功率计算为

$$P_{fc} = Iv_{st} \tag{3.25}$$

在 Simulink 模型中仿真可以得到燃料电池的极化曲线，如图 3.17 所示。

3.4.2.2　阴极模型

计算燃料电池输出电压需要阴极氧气分压（注意此氧气分压为催化剂层氧气的分压，因为反应在催化剂层进行），本小节将建立阴极模型计算氧气的分压。

燃料电池内部的质量传输过程如图 3.18 所示。经过加湿后的空气进入流道，气体在催化剂层发生反应，反应后催化剂层的气体浓度变低，在浓度梯度的驱动下，流道中的气体经气体扩散层扩散到催化剂层参与反应。由于气体扩散速度较慢，因此气体扩散过程对燃料电池的动态性能有较大影响。为了反映燃料电池的动态响应能力，本书将分别沿流道方向和气体扩散层方向建立气体传输过程的模型。

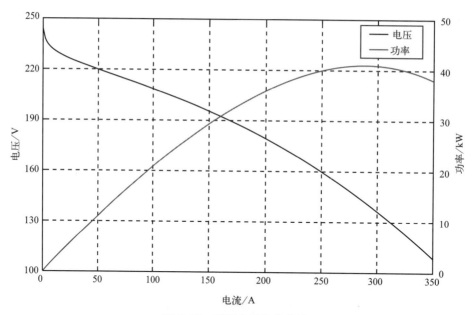

图 3.17　燃料电池极化曲线

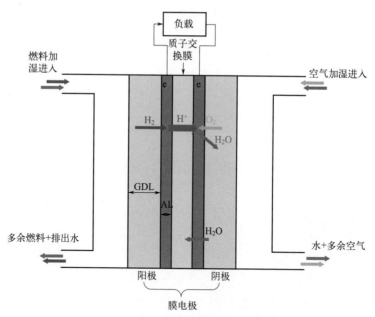

图 3.18　燃料电池内部的质量传输过程

建模之前需要做出一些合理的假设，本书的假设如下。

① 假设所有气体均为理想气体。

② 假设电堆内的温度恒定为 80℃。

③ 假设气体在进入电堆前均被加湿到相对湿度为100%。

④ 当电堆内气体相对湿度小于100%时，液态水不断蒸发为水蒸气，电堆内只有水蒸气没有液态水；当气体相对湿度大于100%时，水蒸气凝结为液态水，且液态水不会离开电堆。

⑤ GDL中的气体传输仅为扩散传输，不考虑对流。

下面先建立沿流道方向的阴极模型。通过质量守恒方程，阴极流道中氧气、氮气、水的状态方程可以表示为

$$\frac{dm_{O_2,ca}}{dt} = W_{O_2,ca,in} - W_{O_2,ca,out} - W_{O_2,ca,reacted} \tag{3.26}$$

$$\frac{dm_{N_2,ca}}{dt} = W_{N_2,ca,in} - W_{N_2,ca,out} \tag{3.27}$$

$$\frac{dm_{w,ca}}{dt} = W_{v,ca,in} - W_{v,ca,out} + W_{v,ca,gen} + W_{v,mem} - W_{l,ca,out} \tag{3.28}$$

式中，$W_{O_2,ca,in}$、$W_{N_2,ca,in}$、$W_{v,ca,in}$分别为进入阴极的氧气、氮气、水蒸气的质量流速；$W_{O_2,ca,out}$、$W_{N_2,ca,out}$、$W_{v,ca,out}$、$W_{l,ca,out}$分别为离开阴极的氧气、氮气、水蒸气、液态水的质量流速；$W_{O_2,ca,reacted}$为阴极反应消耗的氧气质量流速；$W_{v,ca,gen}$为反应过程中产生的水蒸气的质量流速；$W_{v,mem}$为穿过质子交换膜的质量流速。

阴极中的水以两种形式存在：水蒸气和液态水，这两种形式的存在取决于水的饱和蒸汽压。阴极中水蒸气的最大质量流量与水饱和蒸汽压的关系为

$$m_{v,ca,max} = \frac{p_{sat}V_{ca}}{R_v T_{st}} \tag{3.29}$$

式中，p_{sat}为水的饱和蒸汽压；V_{ca}为阴极体积；R_v为水蒸气的气体常数。

根据假设④，有

$$\begin{cases} \text{if } m_{v,ca} \leqslant m_{v,ca,max}, m_{v,ca} = m_{w,ca}, m_{l,ca} = 0 \\ \text{if } m_{v,ca} > m_{v,ca,max}, m_{v,ca} = m_{v,ca,max}, m_{l,ca} = m_{w,ca} - m_{v,ca,max} \end{cases} \tag{3.30}$$

根据理想气体定律和气体的热力学特性方程，下面计算流道入口处的特性，计算$W_{O_2,ca,in}$、$W_{N_2,ca,in}$、$W_{v,ca,in}$。

水蒸气的压力为

$$p_{v,ca,in} = \varphi_{v,ca,in} p_{sat}(T_{ca,in}) \tag{3.31}$$

干燥气体的压力为

$$p_{\text{air,ca,in}} = p_{\text{ca,in}} - p_{\text{v,ca,in}} \tag{3.32}$$

定义加湿比为

$$\omega_{\text{ca,in}} = \frac{M_{\text{v}}}{M_{\text{air,ca,in}}} \times \frac{p_{\text{v,ca,in}}}{p_{\text{air,ca,in}}} \tag{3.33}$$

空气的摩尔质量计算为

$$M_{\text{air,ca,in}} = x_{\text{O}_2,\text{ca,in}} M_{\text{O}_2} + (1 - x_{\text{O}_2,\text{ca,in}}) M_{\text{N}_2} \tag{3.34}$$

式中，$x_{\text{O}_2,\text{ca,in}}$ 为入口处氧气的质量分数，为 21%；M_{O_2}、M_{N_2} 为氧气和氮气的摩尔质量。

进入阴极的干气体和水蒸气的质量流速为

$$W_{\text{air,ca,in}} = \frac{1}{1 + \omega_{\text{ca,in}}} \tag{3.35}$$

$$W_{\text{v,ca,in}} = W_{\text{ca,in}} - W_{\text{air,ca,in}}$$

入口处氧气和氮气的质量流速可以表示为

$$W_{\text{O}_2,\text{ca,in}} = y_{\text{O}_2,\text{ca,in}} W_{\text{air,ca,in}} \tag{3.36}$$

$$W_{\text{N}_2,\text{ca,in}} = (1 - y_{\text{O}_2,\text{ca,in}}) W_{\text{air,ca,in}}$$

$$y_{\text{O}_2,\text{ca,in}} = \frac{x_{\text{O}_2,\text{ca,in}} M_{\text{O}_2}}{M_{\text{air,ca,in}}} \tag{3.37}$$

下面计算阴极流道出口处的特性。阴极出口的总质量流速为

$$W_{\text{ca,out}} = k_{\text{ca,out}} (p_{\text{ca}} - p_{\text{rm}}) \tag{3.38}$$

式中，$k_{\text{ca,out}}$ 为常数；p_{rm} 为回流歧管压力，前文模型中已经计算过。

$W_{\text{O}_2,\text{ca,out}}$、$W_{\text{N}_2,\text{ca,out}}$、$W_{\text{v,ca,out}}$ 的计算方法与阴极入口处完全相同，具体参考式（3.31）～式（3.38），这里不再赘述。

根据电化学反应，反应消耗的氧气质量流速和产生的水可以计算为

$$W_{\text{O}_2,\text{ca,reacted}} = M_{\text{O}_2} \frac{n I_{\text{st}}}{4F} \tag{3.39}$$

$$W_{\text{O}_2,\text{ca,gen}} = M_{\text{v}} \frac{n I_{\text{st}}}{2F} \tag{3.40}$$

阴极流道内的氧气、氮气和水蒸气的分压，以及干气体压力和阴极压力可以表示为

$$p_{O_2,ca}^{ch} = \frac{m_{O_2,ca} R_{O_2} T_{st}}{V_{ca}} \quad p_{N_2,ca}^{ch} = \frac{m_{N_2,ca} R_{N_2} T_{st}}{V_{ca}} \quad p_{v,ca}^{ch} = \frac{m_{v,ca} R_v T_{st}}{V_{ca}} \tag{3.41}$$

$$p_{air,ca} = p_{O_2,ca}^{ch} + p_{N_2,ca}^{ch} \tag{3.42}$$

$$p_{ca} = p_{O_2,ca}^{ch} + p_{N_2,ca}^{ch} + p_{v,ca}^{ch} \tag{3.43}$$

式中，R_{O_2}、R_{N_2} 分别为氧气和氮气的气体常数。

氧气的摩尔分数可以表示为

$$x_{O_2,ca}^{ch} = \frac{p_{O_2,ca}^{ch}}{p_{ca}} \tag{3.44}$$

下面建立沿 GDL 方向的模型。

阴极气体包含氧气、氮气和水蒸气，氮气不参与化学反应，根据通量平衡原理，氮气沿 GDL 方向的通量为 0，即

$$N_{N_2} = 0 \tag{3.45}$$

氧气在化学反应中参加反应沿 GDL 方向的通量为

$$N_{O_2} = \frac{i}{4F} \tag{3.46}$$

式中，F 为法拉第常数，96485C/mol。

根据 Maxwell-Stefan 方程，阴极 GDL 中各气体的摩尔分数可以表示为

$$\frac{dx_{O_2}}{dz} = \frac{RT}{pD_{O_2,N_2}^{eff}}(x_{O_2} N_{N_2} - x_{N_2} N_{O_2}) + \frac{RT}{pD_{O_2,H_2O}^{eff}}(x_{O_2} N_{v,ca} - x_{v,ca} N_{O_2}) \tag{3.47}$$

$$\frac{dx_{N_2}}{dz} = \frac{RT}{pD_{O_2,N_2}^{eff}}(x_{N_2} N_{O_2} - x_{O_2} N_{N_2}) + \frac{RT}{pD_{N_2,H_2O}^{eff}}(x_{N_2} N_{v,ca} - x_{v,ca} N_{N_2}) \tag{3.48}$$

$$\frac{dx_{v,ca}}{dz} = \frac{RT}{pD_{O_2,H_2O}^{eff}}(x_{v,ca} N_{O_2} - x_{O_2} N_{v,ca}) + \frac{RT}{pD_{N_2,H_2O}^{eff}}(x_{v,ca} N_{N_2} - x_{v,ca} N_{v,ca}) \tag{3.49}$$

式中，z 为 GDL 方向；x_{O_2}、x_{N_2}、$x_{v,ca}$ 分别为氧气、氮气、水蒸气的摩尔分数；N_{O_2}、N_{N_2}、$N_{v,ca}$ 分别为氧气、氮气、水蒸气沿 GDL 方向的通量；R 为理想气体常数；$D_{i,j}^{eff}$ 为有效扩散系数，i 为扩散物质，j 为扩散流经的物质；$pD_{i,j}^{eff}$ 为标称扩散率。

根据假设③，对于饱和加湿，即相对湿度为 100% 的气体，有

$$\frac{dx_{v,ca}}{dz} = 0 \tag{3.50}$$

标称扩散率可以表示为

$$pD_{ij} = a\left(\frac{T}{\sqrt{T_{ci}T_{cj}}}\right)^b (P_{ci}P_{cj})^{\frac{1}{3}} (T_{ci}T_{cj})^{\frac{5}{12}} \left(\frac{1}{M_i} + \frac{1}{M_j}\right)^{\frac{1}{2}} \tag{3.51}$$

式中，p 为总压强；D_{ij} 为二元气体扩散系数；T 为温度；T_{ci}、T_{cj}、P_{ci}、P_{cj} 为物质 i、j 的临界温度和临界压强；M_i、M_j 为物质 i、j 的摩尔质量；a、b 为常数。

如果两种物质都为 H_2、N_2、O_2，则 $a=2.745×10^{-4}$，$b=1.823$；如果一种物质为 H_2O，另一种物质为 H_2、N_2、O_2，则 $a=3.640×10^{-4}$，$b=2.334$。

GDL 为多孔介质层，气体分子扩散会被毛细孔管壁阻碍，为考虑阻碍的影响，引入有效扩散率，表示为

$$D_{ij}^{\text{eff}} = \varepsilon^{\tau} D_{ij} \tag{3.52}$$

式中，ε 为孔隙率；τ 为扭曲系数。

联立式（3.45）～式（3.52），可得

$$\frac{dx_{O_2}}{dz} = A_1 x_{O_2} + \frac{D_1 x_{O_2}}{B_1 x_{O_2} + C_1} + E_1 \tag{3.53}$$

其中

$$A_1 = \frac{RT}{pD_{O_2,N_2}^{\text{eff}}} N_{O_2} \tag{3.54}$$

$$B_1 = \frac{RT}{pD_{O_2,H_2O}^{\text{eff}}} (pD_{N_2,H_2O}^{\text{eff}} - pD_{O_2,H_2O}^{\text{eff}}) \tag{3.55}$$

$$C_1 = (pD_{O_2,H_2O}^{\text{eff}})^2 (1 - x_{v,ca}) \tag{3.56}$$

$$D_1 = (pD_{N_2,H_2O}^{\text{eff}}) RT N_{O_2} x_{v,ca} \tag{3.57}$$

$$E_1 = \left(\frac{RT}{pD_{O_2,N_2}^{\text{eff}}} - \frac{RT}{pD_{O_2,H_2O}^{\text{eff}}}\right) N_{O_2} x_{v,ca} - \frac{RT}{pD_{O_2,N_2}^{\text{eff}}} N_{O_2} \tag{3.58}$$

对式（3.53）进行泰勒展开，展开后一阶项约为二阶项的 100 倍，因此忽略除一阶项以外的高阶项，可将式（3.53）简化为

$$\frac{dx_{O_2}}{dz} = \left(A_1 + \frac{D_1}{C_1}\right) x_{O_2} + E_1 = F_1 x_{O_2} + E_1 \tag{3.59}$$

对上式积分可得催化剂层氧气的摩尔分数为

$$x_{O_2}^* = x_{O_2}^{\text{ch}} e^{F_1 Z_d} + \frac{E_1}{F_1} e^{F_1 Z_d} - \frac{E_1}{F_1} \tag{3.60}$$

式中，Z_d 为气体扩散层的厚度；$x_{O_2}^{ch}$ 为氧气在阴极流道中的摩尔分数。

$$x_{O_2}^{ch} = \frac{p_{O_2,ch}}{p_{ca}} \qquad (3.61)$$

阴极催化剂层中氧气分压可以表示为

$$p_{O_2}^* = x_{O_2}^* p_{ca} \qquad (3.62)$$

3.4.2.3 阳极模型

通过质量守恒方程，阳极流道中氢气和水的状态方程可以表示为

$$\frac{dm_{H_2,an}}{dt} = W_{H_2,an,in} - W_{H_2,an,out} - W_{H_2,an,reacted} \qquad (3.63)$$

$$\frac{dm_{w,an}}{dt} = W_{v,an,in} - W_{v,an,out} - W_{v,mem} - W_{l,an,out} \qquad (3.64)$$

式中，$W_{H_2,an,in}$、$W_{H_2,an,out}$、$W_{v,an,in}$、$W_{v,an,out}$、$W_{l,an,out}$ 的计算方法与阴极相同。

阳极反应氢气的消耗量计算为

$$W_{H_2,an,reacted} = M_{H_2} \frac{nI_{st}}{2F} \qquad (3.65)$$

阳极流道内氢气分压可表示为

$$p_{H_2,an}^{ch} = \frac{m_{H_2,an} R_{H_2} T_{st}}{V_{an}} \qquad (3.66)$$

氢气的摩尔分数可以表示为

$$x_{H_2}^{ch} = \frac{p_{H_2,an}^{ch}}{p_{air,an}} \qquad (3.67)$$

式中，各项的计算方法与阴极的完全相同，可参考式（3.24）～式（3.39）。

氢气沿 GDL 方向的建模方法和思路与阴极相同，但阳极仅有氢气和水蒸气两种气体，参考式（3.45）～式（3.62）得到氢气侧的方程为

$$\frac{dx_{H_2}}{dz} = A_2 x_{H_2} + B_2 \qquad (3.68)$$

$$A_2 = \frac{RT}{p D_{H_2,H_2O}^{eff}}$$

$$B_2 = \frac{RT}{2Fp D_{H_2,H_2O}^{eff}} \qquad (3.69)$$

对上式积分可得催化剂层氧气的摩尔分数为

$$x_{H_2}^* = x_{H_2}^{ch} e^{A_2 Z_d} + \frac{B_2}{A_2} e^{A_2 Z_d} - \frac{B_2}{A_2} \tag{3.70}$$

$$p_{H_2}^* = x_{H_2}^* p_{an} \tag{3.71}$$

3.4.2.4 质子交换膜水合模型

本小节建立的质子交换膜水合模型主要计算膜的含水量 λ_m 和水通过质子交换膜的质量流速 $W_{v,mem}$。

水通过膜传输主要有两种方式：氢离子将水分子从阳极拖曳到阴极，这种现象称为电渗透拖曳；由于阴极反应产生水，阴极水的浓度大于阳极，水分子在浓度梯度存在的前提下由阴极扩散到阳极，这种现象称为反向扩散。

电渗透拖曳的从阳极到阴极的水量 $N_{v,osmotic}$ 表示为

$$N_{v,osmotic} = n_d \frac{i}{F} \tag{3.72}$$

式中，n_d 为电渗阻力系数。

下面介绍 n_d 的计算方法。

质子交换膜的水含量可以用阳极和阴极水含量的平均值代表，阳极和阴极水含量可以表示为

$$a_i = \frac{y_{v,i} p_i}{p_{sat,i}} = \frac{p_{v,i}}{p_{sat,i}}$$

$$a_m = \frac{a_{an} + a_{ca}}{2} \tag{3.73}$$

式中，$y_{v,i}$ 为水蒸气的摩尔分数；p_i 为总气体压力；$p_{sat,i}$ 为水蒸气的摩尔分数；$p_{v,i}$ 为水蒸气分压；i 表示阳极和阴极。

交换膜的含水量可以表示为

$$\lambda_m = \begin{cases} 0.043 + 17.81 a_m - 39.85 a_m^2 + 36.0 a_m^3 \\ 14 + 1.4(a_m - 1) \end{cases} \tag{3.74}$$

电渗阻力系数为

$$n_d = 0.0029 \lambda_m^2 + 0.05 \lambda_m - 3.4 \times 10^{-19} \tag{3.75}$$

反向扩散的水量 $N_{v,diff}$ 为

$$N_{v,diff} = D_w \frac{dc_v}{dy} \qquad (3.76)$$

式中，c_v 为水的浓度；D_w 为水在膜中的扩散系数。

$$D_w = D_\lambda \exp\left[2416\left(\frac{1}{303} - \frac{1}{T_{fc}} \right) \right] \qquad (3.77)$$

$$D_\lambda = \begin{cases} 10^{-6} \\ 10^{-6}[1 + 2(\lambda_m - 2)] \\ 10^{-6}[3 - 1.67(\lambda_m - 3)] \\ 1.25 \times 10^{-6} \end{cases} \qquad (3.78)$$

穿过膜的水流量可以表示为

$$N_{v,mem} = n_d \frac{i}{F} - D_w \frac{c_{v,ca} - c_{v,an}}{t_m} \qquad (3.79)$$

$$c_{v,an} = \frac{\rho_{m,dry}}{M_{m,dry}} \lambda_{an}$$

$$c_{v,ca} = \frac{\rho_{m,dry}}{M_{m,dry}} \lambda_{ca} \qquad (3.80)$$

式中，$\rho_{m,dry}$ 为干膜的密度；$M_{m,dry}$ 为膜干时的等效质量。

整个电堆中，穿过膜的水的质量流速可以表示为

$$W_{v,mem} = N_{v,mem} M_v A_{fc} n \qquad (3.81)$$

式中，M_v 为水蒸气的摩尔质量；A_{fc} 为燃料电池的活性面积。

3.4.3　模型仿真分析

为了验证上文建立的模型是否能反映燃料电池系统的动态响应，下面进行仿真时以阶跃电流作为输入，观察空压机电压、氧气分压、氧气过量系数、电堆电压和输出功率的响应情况，电流阶跃输入下的燃料电池响应特性如图 3.19 所示。

从图 3.19 可以看出，当燃料电池输入电流阶跃为变大时，燃料电池反应所需

的氧气迅速增加，阴极氧气迅速耗尽，氧气的过量系数瞬间变小，导致氧气的分压瞬间变小，电堆的输出电压显著下降；当输入电流阶跃为变小时，氧气过量系数突然增大，随着反应的进行逐渐趋于一个稳定的值，电压与输入电流阶跃为变大时一样，也有瞬间变大的情况。从氧气分压图和输出功率图可以看出，电流阶跃变化的值越大，反应达到稳态需要的时间越长。

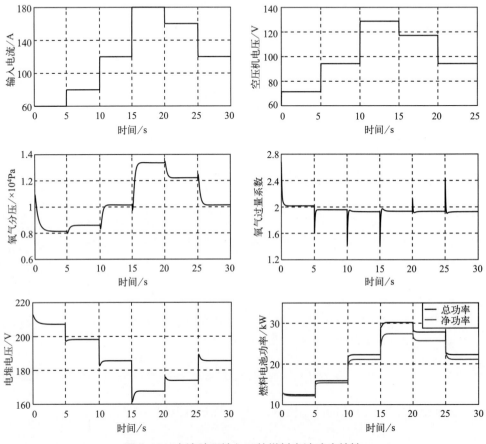

图 3.19　电流阶跃输入下的燃料电池响应特性

从氧气过量系数图中可以看到，电流阶跃变化时，氧气的过量系数没有维持在一个较好的值，而且动态响应的速度较慢。上述仿真结果得到的氧气过量系数采用的是前馈控制，为了防止变载时阴极氧气饥饿，而且有更好的动态响应性能，将为空气供应系统设计更有效的控制策略。

此外，从净输出功率图可以看出，电流阶跃变化时，电堆的输出功率有相应的动态响应，但是响应速度较快。研究表明，负载阶跃变化时，燃料电池堆的实际氢消耗量具有一定的时间延迟。为了使建立的模型更加符合实际情况，能真实地反映燃料电池系统的动态响应能力，将利用文献中根据实验数据得到的经验公式修正阳极模型。

3.4.4 燃料电池空气进气系统的控制

目前，文献中已经提出了许多防止燃料电池氧气饥饿的控制策略和方法，主要有传统前馈和 PID 控制、自适应控制、模糊控制、模型预测控制以及一些智能控制算法。前馈控制和 PID 控制是目前工业上运用最广泛的控制，本小节将在前馈控制和 PID 控制的基础上，设计可以实时调整 PID 参数的基于模糊控制的自适应 PID 控制策略。

根据上文建立的模型，选取空压机电压作为控制变量，燃料电池系统的状态空间表达式可以表示为

$$
\begin{aligned}
&\dot{x} = f(x, u, w) \\
&x = [m_{O_2} \ \ m_{H_2} \ \ m_{N_2} \ \ \omega_{cp} \ \ p_{sm} \ \ m_{sm} \ \ m_{w,an} \ \ m_{w,ca} \ \ p_{rm}] \\
&u = v_{cm} \\
&w = I_{st}
\end{aligned}
\tag{3.82}
$$

上述各状态变量的符号表示与前文建模统一，具体参数表示不再赘述。

PID 控制的数学表达为

$$
u_{PID}(t) = K_p e(t) + K_i \int e(t) \mathrm{d}t + K_d \frac{\mathrm{d}e(t)}{\mathrm{d}t}
\tag{3.83}
$$

式中，e 是反馈误差；K_p、K_i、K_d 分别为比例、积分、微分常数。

研究表明，当氧气过量系数在 2 ~ 2.4 时，可以更好地提高燃料电池效率，防止燃料电池损坏并提高耐久性。本书的控制目标为将氧气过量系数控制在 2。氧气过量系数定义为

$$
\lambda_{O_2} = \frac{W_{O_2,in}}{W_{O_2,reacted}}
\tag{3.84}
$$

反馈误差 e 可以计算为

$$
e(t) = 2 - \lambda_{O_2}(t)
\tag{3.85}
$$

模糊 PID 控制器的结构如图 3.20 所示。

自适应模糊 PID 控制器以误差 e 和误差导数 e_c 作为输入，将 e 和 e_c 归一化到 $[-1,1]$。模糊子集为 $e,e_c=\{N,Z,P\}$，子集中的元素分别代表负、正、零。将 e 和 e_c 模糊化并设计 e 和 e_c 的隶属函数为图 3.21 所示。

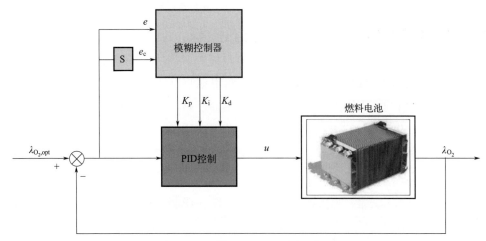

图 3.20　模糊 PID 控制器的结构

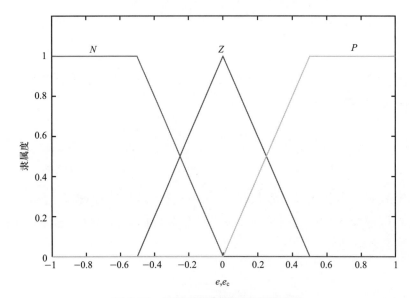

图 3.21　误差及误差导数的隶属函数

根据系统仿真结果，模糊 PI 控制已经可以达到控制要求，因此采用模糊 PI 控制，设计 Δk_p、Δk_i 的模糊规则分别如表 3.2、表 3.3 所示。

表 3.2 Δk_{p} 的模糊规则

e \ Δk_{p} \ ec	N	Z	P
N	N	N	N
Z	N	Z	P
P	P	P	P

表 3.3 Δk_{i} 的模糊规则

e \ Δk_{i} \ ec	N	Z	P
N	N	N	N
Z	N	Z	P
P	P	P	P

根据计算得到的 Δk_{p}、Δk_{i} 可得到 K_{p}、K_{i} 的值为

$$K_{\mathrm{p}} = K_{\mathrm{p0}} + \Delta k_{\mathrm{p}} \quad K_{\mathrm{i}} = K_{\mathrm{i0}} + \Delta k_{\mathrm{i}} \tag{3.86}$$

为了验证所提出的控制器的性能，采用建立的模型进行仿真分析，对比前馈控制、前馈 PID 控制与设计的模糊控制器的性能。燃料电池电流阶跃输入如图 3.22 所示，不同控制器的氧气过量系数响应曲线如图 3.23 所示。

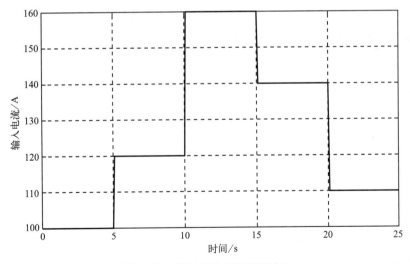

图 3.22 燃料电池电流阶跃输入

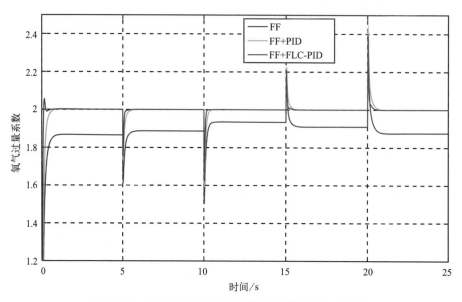

图 3.23　不同控制器的氧气过量系数响应曲线（彩图）

其中，FF 表示前馈控制；FF+PID 表示结合前馈的 PID 控制；FF+FLC-PID 表示结合前馈的自适应模糊 PID 控制。从图 3.23 可以看出，在前馈控制的基础上加入 PID 控制之后，系统的稳态误差消除，经过一段时间的调节，氧气过量系数稳定在期望值 2。基于模糊控制的自适应 PID，由于能根据实际氧气过量系数与期望值的误差实时控制空气流量进而实时调节 PID 参数，所以响应时间更快，能在变载时快速稳定地将氧气过量系数维持在期望值。

3.4.5　基于实验数据的模型修正及仿真分析

如前文所述，为了使建立的模型更加符合实际情况，能真实地反映燃料电池系统的动态响应能力，本小节将根据 HOU 等的研究修正反应过程中阳极的氢气消耗模型。HOU 等根据实验结果总结出：阶跃变载下氢气的动态消耗可以表示为

$$Q_{H_2,i} = Q_{H_2,iS} + \Delta Q_{H_2,i} \tag{3.87}$$

$$\Delta Q_{H_2,i} = \Delta I \times T_f \tag{3.88}$$

式中，$\Delta Q_{H_2,i}$ 为实际氢耗 $Q_{H_2,i}$ 与稳态氢耗 $Q_{H_2,iS}$ 的差值；ΔI 为电流变化量；T_f 为响应时间。

$$T_f = ae^{-b(t-1)} \tag{3.89}$$

式中，a、b 为根据实验数据拟合的参数。

$$a = T_{f_0} \exp\frac{\ln 0.05}{T} \tag{3.90}$$

$$b = -\frac{\ln 0.05}{T}$$

式中，T_{f_0} 为零时刻 T_f 的值；T 为反应达到稳态的时间。

HOU 认为 T 的值取决于氢气供应系统中电磁阀的特性，与电流阶跃变载的幅度关系不大，因此认为该参数为一个定值。

结合式（3.87）～式（3.90），氢气动态消耗可表示为

$$Q_{H_2,i} = Q_{H_2,iS} + \Delta I T_{f_0} e^{\frac{\ln 0.05}{T}t} \tag{3.91}$$

易知，$t = 0$，$Q_{H_2,i} = 0$；$t = T$，$Q_{H_2,i} = Q_{H_2,iS}$。代入式（3.91）可得

$$Q_{H_2,i} = kQ_{H_2,iS}(1 - e^{\frac{\ln 0.05}{T}t}) \qquad k = \frac{1}{0.95} \tag{3.92}$$

如上所述，时间常数 T 为与供氢系统电磁阀有关的特性参数。不同功率电堆的相应时间常数如表 3.4 所示。

表3.4　不同功率电堆的相应时间常数

电堆功率 /kW	时间常数 T/s
45	25.5
55	28
80	34

通常来说，不同的电堆具有不同的响应特性，但是相同功率的电堆响应能力差别不大。因此，对于本书 41kW 的电堆，取时间常数 $T=25$s。此外，电堆减载时的响应速度比加载快，取减载的时间常数与加载的时间常数相同不会超过燃料电池电堆的响应能力，因此本书取加载减载的时间常数相同。

在动力系统中，燃料电池可提供的功率为燃料电池系统的净输出功率。为了得到燃料电池系统不同功率下的动态响应能力，对修正后的模型进行仿真，由仿真模型得到燃料电池从 0 到最大净输出功率 30kW 的响应曲线，如图 3.24 所示。

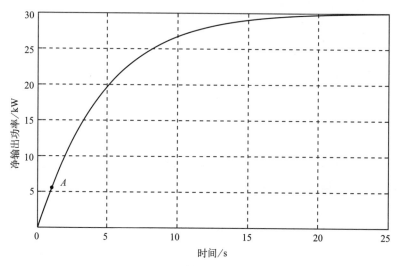

图 3.24　燃料电池从 0 到最大净输出功率 30kW 的响应曲线

将图 3.24 转换为不同功率下燃料电池下一时刻最大功率变化率 ΔP 与当前时刻功率 P 的关系，如图 3.25 所示。转换的思路为：如图 3.24 所示的点 A，对应的坐标为（1，5.565），表明第 1s 的功率输出值为 5.565kW。该点的意义可以解释为：如果燃料电池当前时刻功率为 0，经过 1s 的时间可以输出的最大功率为 5.565kW，即当前时刻为 0 对应的最大的功率变化量为 5.565kW/s。采用上述思路，由图 3.24 所示的净输出功率的曲线可以转换得如图 3.25 所示的燃料电池不同功率的最大功率变化值。

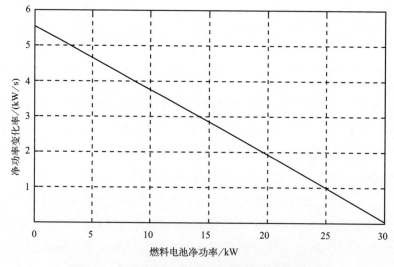

图 3.25　燃料电池不同功率对应的最大功率变化值

3.4.6 燃料电池模型与 DC/DC 转换器的集成

在整车模型中，能量管理策略给出燃料电池的需求功率，DC/DC 转换器根据燃料电池输出功率对应的参考电流向燃料电池拉取电流，因此需要一个需求功率到参考电流的转换模块，可以将燃料电池的需求功率转换为 DC/DC 转换器的参考电流。负载变化时，DC/DC 转换器的响应时间在毫秒级，而燃料电池的响应时间在秒级，因此可以忽略 DC/DC 转换器的响应时间。

本书将 VCU 发出的燃料电池需求功率通过查表的方式转换为 DC/DC 转换器的参考电流。燃料电池净输出功率与参考电流表可以通过燃料电池模型仿真得到，如图 3.26 所示。

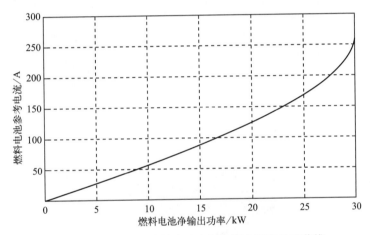

图 3.26　燃料电池净输出功率与参考电流的关系曲线

3.5
本章小结

本章分析了燃料电池作为车辆动力源使用时的特性，主要包括经济性、耐久性和动态响应特性。本章介绍了燃料电池汽车经济性影响因素，并确定了燃料电池汽车能量消耗的计算方法，分析了燃料电池的衰减机理，建立了衰减模型，对燃料电池系统进行了建模，并对其动态响应特性进行了仿真分析。

燃料电池汽车能量管理策略及案例

第4章
蓄电池的耐久性建模

4.1
锂离子电池耐久性影响因素分析

三元锂离子电池由正极、负极、电解质和分离件组成，其正极是三元材料，负极是储锂碳材料。锂离子电池是一种锂离子浓差电池，充放电时锂离子在正负电极之间漂移以传递电能。锂离子电池的具体工作原理如下。

$$\begin{cases} 正极反应：放电时Li^+嵌入，充电时Li^+拖嵌 \\ 负极反应：放电时Li^+拖嵌，充电时Li^+嵌入 \end{cases}$$

电池在使用过程中，内部会经历一系列电化学反应及物理变化，除了锂离子在正负极之间正常循环拖嵌、嵌入外，还会发生其他副反应，导致电池功率、能量、容量等性能的衰减。对于动力蓄电池更是如此，在车辆启停、加减速工况下，电池电流变化率大，工作电流区间跨度也大，这无疑会影响动力蓄电池的寿命。从电动汽车角度总结影响动力蓄电池寿命的因素，主要包括设计方案、制作工艺、工作温度、电池单体一致性、充放电电流强度、放电深度、荷电状态（SOC）使用区域、充电制度以及电池组合结构等。

锂电池的衰减过程主要与SEI（Solid Electrolyte Interface）膜的增长、正极和负极活性物质的损失、电解质的分解、分离件的老化以及内阻的增加等有关。

从外部使用条件来看，充电截止电压、放电截止电压、SOC、放电深度（Depth of Discharge，DOD）的大小、温度（高温、低温）、放电倍率、电流波动频率、机械破坏等这些量的变化均会引起电池寿命的变化。在这些因素中充电截止电压、放电截止电压、SOC、DOD的大小、放电倍率、电流波动频率等几个量可以由能量策略直接或间接控制，而温度（高温、低温）、机械破坏这些因素更多的是与环境和行车路况有关。

（1）电池过充电／过放电

电池在充／放电过程中，当电压达到充／放电截止电压时继续充／放电，此时就会产生过充／过放现象。

锂离子电池过充时，即充电截止电压较高时，会产生诸如正极材料分解、隔膜氧化、电解质性能衰减等问题，影响蓄电池寿命。其具体过程为，在过充电时电池内部发生不必要的反应，导致锂离子在电池电极的表面沉积，活性物质的运动被阻止，电池内部反应速率降低，进而造成电池容量损失。正极材料的溶解使一些金属单质聚集在负极，即在电池的负极与隔膜之间通常会形成金属锂，金属锂对隔膜产生的阻塞作用使得电池自身内阻增大，尤其在快速充电的情况下，电流过大会导致电极极化，对电池耐久性的影响将更大。而在这些情形下电池产生的容量衰减是不可逆的。

锂离子电池过放电后再搁置一段时间，会导致电池容量衰减，主要原因是过放电易诱发单体内短路。电池单体在不断循环充放电过程中，放电容量会发生衰减，而电池单体过放电程度越大，电池单体容量衰减速率越快。在锂离子电池深度放电后，铜离子容易在充电过程中形成在负极表面沉积的单质铜，锂离子的嵌入和拖嵌运动会被沉积的物质所阻碍，最终导致蓄电池容量的衰减。

（2）电池充/放电倍率

电池的充/放电倍率是电池在使用过程中最直接的对外交流特征参数，对于容量一样的电池，充/放电电流与充/放电倍率成正比。大的充/放电倍率易使电池系统偏离平衡状态，充/放电倍率的大小直接影响着动力电池的衰减速度。

一般来说，电池充电倍率越低，电池能充进去的容量就越高，小倍率放电电池可达到接近全容量放电。电池极化现象随着电流增大会更加明显，电池系统更容易偏离平衡状态，外在表现为对电池内阻以及电压的影响，时间一长电池极板老化更加迅速，使得电池寿命缩短。

根据曹建华等关于车用锰酸锂电池的实验结果，对于相同的电压变化范围，大电流强度时的容量衰减率要远大于小电流强度。电池强化实验表明，电流强度是影响蓄电池寿命的主要因素。

黄海等的实验结果也显示，锂离子电池放电倍率高，对应的工作温度高，容易产生副反应，使正负极材料的晶体产生疲劳甚至衰竭，所以高放电倍率与低放电倍率相比会产生更大的容量损失，而长时间的高倍率放电会显著缩短蓄电池的寿命。

（3）自放电

当电池开路搁置的时候，电池储存能量自发被消耗的现象为蓄电池自放电现象。理论上，蓄电池电极在搁置时也处于热力学不稳定状态，化学或者物理反应会在电池内部自发进行，导致蓄电池性能的衰减。

锂离子电池自放电所导致的容量损失，大部分可以通过充电再恢复。锂离子电池自放电导致不可逆损失的原因主要是锂离子的损失以及电极微孔被电解质氧化物堵塞等。影响自放电不可逆容量损失的外部因素主要有蓄电池储存温度、SOC 等。

4.2
锂离子电池衰减模型

（1）锂离子电池衰减建模综述

研究锂离子电池寿命的关键前提是其寿命终止（End of Life，EOL）的定义。当定义电池的容量衰减到原始电池容量的 80% 时认为电池寿命终止了，则电池寿命状态（State of Health，SOH）的定义一般基于电池容量实现。当定义电池的功率特性衰减达到一定程度时认为电池寿命终止了，由于电池内阻直接影响电池功率特性，于是一般采用基于内阻的 SOH 定义。

基于电池容量估算的 SOH 定义见式（4.1）。

$$SOH = \frac{C_{act} - C_{EOL}}{C_{nom} - C_{EOL}} \times 100\% \tag{4.1}$$

式中，C_{act} 为电池实测容量；C_{EOL} 为电池寿命终止时容量；C_{nom} 为电池标称容量。

基于电池内阻估算的 SOH 定义见式（4.2）。

$$SOH = \frac{R_{EOL} - R_{act}}{R_{EOL} - R_{nom}} \times 100\% \tag{4.2}$$

式中，R_{act} 为电池实测内阻；R_{EOL} 为电池寿命终止时内阻；R_{nom} 为电池标称内阻。

在锂离子电池寿命预测以及建模方面有很多学者做出了贡献。对于其性能衰减的预测方法主要包括基于电化学机理的模型以及基于等效电路外特性的半经验数据模型两类。本书中的蓄电池模型为基于外特性的等效电路模型，故对文献中的一些半经验数据模型进行叙述。半经验模型在文献中得到广泛研究，其结构高度依赖于实验设计。下面叙述一些具体的例子。

Dubarry 等为 GIC/NCA 镍钴铝锂离子电动汽车 @Home 和 @Work 设计了四种充放电工况，设计了多类别分类实验，根据锂离子电池日历老化实验结果，建立了日历老化容量损失 Q_{loss} 关于时间 t、温度 T 及电池 SOC 的多元二次方程模型［式（4.3）］，并得出结论，蓄电池存放温度对其容量损失和放电能力的影响最大。该模型能反映存放温度和存放 SOC 对日历老化寿命的影响，却无法反映蓄电池与放电倍率、温度等相关的循环寿命。

$$Q_{loss} = p_{01} + p_{02}t^{0.5} + (p_{11} + p_{12}t^{0.5})T + (p_{21} + p_{22}t^{0.5})SOC + \\ (p_{31} + p_{32}t^{0.5})T \times SOC + (p_{41} + p_{42}t^{0.5})T^2 + (p_{51} + p_{52}t^{0.5})SOC^2 \tag{4.3}$$

式中，p_{ij} 均为拟合的常数。

Wang 等设计了不同温度、不同放电倍率、不同放电深度下的实验矩阵，对容量为 1.5A·h、正极为 $LiMn_{1/3}Ni_{1/3}Co_{1/3}$ + $LiMn_2O_4$ 复合材料的 18650 电池进行了寿命实验并提出了包含日历老化和循环老化的半经验寿命模型。日历老化部分采用简化日历寿命方程［式（4.4）］来描述 Arrhenius 型温度依赖性和扩散控制的锂腐蚀反应。

$$Q_{loss,\%} = A\exp\left(\frac{-E_a}{RT}\right)t^{0.5} \tag{4.4}$$

式中，$Q_{loss,\%}$ 为电池容量损失比例，%；A 为指前因子；E_a 为活化能，J/mol；R 为气体常数；T 为热力学温度；t 为时间。

Wang 等将循环测试总衰减减去日历寿命衰减得到循环寿命衰减。对于循环寿命部分，循环寿命随时间呈线性变化趋势，Wang 等建立了放电倍率影响下循环寿命经验方程。

$$Q_{loss,\%} = (aT^2 + bT + c)\exp[(dT + e)I_{rate}]Ah_{throughput} \tag{4.5}$$

式中，a、b、c、d、e 为常数；T 为热力学温度；I_{rate} 为放电倍率；$Ah_{throughput}$ 为充放电容量。

该模型将日历寿命衰减和循环寿命衰减解耦，简化了化学诱导衰减和机械诱导衰减对电池容量衰减的影响分析。得出结论：高温导致更严重的日历衰减（化学衰减），低温和高倍率放电导致更严重的循环衰减（机械衰减）。

Swierczynski 等对磷酸铁锂电池进行了加速日历寿命测试和加速循环寿命测试，通过拟合加速日历寿命测试结果，建立了容量衰减（%）关于蓄电池储存温度 T（℃）、储存 SOC（%）及储存时间 t（月）的半经验模型。

$$C_{FADE}(t,T,SOC_{st}) = (0.019\,SOC_{st}^{0.823} + 0.5195)(3.258 \times 10^{-9}\,T^{5.087} + 0.295)t^{0.8} \tag{4.6}$$

通过拟合加速循环寿命测试结果，建立了容量衰减（%）关于蓄电池循环数 nc、温度 T（K）和循环深度 cd（%）的半经验模型。

$$C_{\text{FADE}}(\text{nc},T,\text{cd}) = 0.00024 \exp^{0.02717T} \times 0.02982 \times \text{cd}^{0.4904} \times \text{nc}^{0.5} \tag{4.7}$$

通过构造电动汽车行车工况，验证上述半经验日历寿命、循环数寿命模型，根据不同的充电习惯，该磷酸铁锂电池寿命为 8.16 ～ 10.75 年。

Baghdadi 等根据正极为 $LiMn_{1/3}Ni_{1/3}Co_{1/3} + LiMn_2O_4$ 镍钴锰三元锂电池（5.3A·h）的实验数据及拟合结果发现，随着温度和 SOC 的增加，锂电池的静置老化率（日历老化）呈指数增长。利用 Dakin 衰减方程分析实验数据，建立蓄电池日历老化经验模型，具体过程如下。根据广义 Dakin 降解方程

$$\frac{\mathrm{d}\xi}{\mathrm{d}t^{\alpha}} = \pm k\xi^n \tag{4.8}$$

式中，t 为时间，天；k 为衰减率；α 为时间依赖因子；n 为确定反应顺序的指数。

在该研究中，$\alpha = 1$，$n = 1$。于是有

$$\frac{\xi(t)}{\xi(0)} = \mathrm{e}^{\pm kt} \tag{4.9}$$

取 ξ 为蓄电池电容，即有

$$\ln \frac{C(t)}{C(0)} = -kt \tag{4.10}$$

根据蓄电池日历老化实验结果，$\ln k$、$1/T$ 和 SOC 近似位于一个平面上，即存在如式（4.11）的关系，其中 $a \sim d$ 为常数，T 为热力学温度。

$$a\ln k + \frac{b}{T} - c \times \text{SOC} - d = 0 \tag{4.11}$$

即蓄电池日历老化衰减率 $k(T,\text{SOC})_{\text{calendar}}$ 为

$$k(T,\text{SOC})_{\text{calendar}} = \exp^{\left(-\frac{b}{aT} + \frac{c \times \text{SOC}}{a} + \frac{d}{a}\right)} \tag{4.12}$$

对于动力循环老化，根据实验结果

$$\ln k_{\text{cyc}} = \exp\left(\frac{e}{RT} + f\right) \frac{I}{I_0} \tag{4.13}$$

式中，k_{cyc} 为循环老化衰减率；e、f 为拟合常数；R 为气体常数；I 为电

流；I_0 为电流因子。

根据实验结果，$-\ln[C(t)/C(0)]$ 比时间的斜率随着电流的增加而增加，故将循环老化对寿命的影响看成日历寿命老化的增幅因子，即蓄电池电容总体衰减率 k_{tot} 和日历老化衰减率 $k_{calendar}$、循环老化衰减率 k_{cyc} 之间的关系为

$$k_{tot} = k_{calendar} k_{cyc} \tag{4.14}$$

Baghdadi 等所建立的半经验模型基于达金降解方程，且结构形式与爱因定律相似。根据建立的表达式，老化衰减率随着温度、SOC 及电流的增加而呈指数增长。在高温时，蓄电池的日历老化占主导部分且与电流无关，低温时动态循环老化占主导部分且反应速率取决于电流大小。

从上述锂离子电池半经验寿命模型综述可知，锂离子电池寿命衰减可分为日历老化衰减和循环老化衰减两部分。锂离子电池的日历老化主要与储存温度有关，其次和储存时的蓄电池 SOC 也有一定关系。锂离子电池的循环老化主要和充放电电流倍率有关，其次和其放电深度有关。

（2）模型建立

根据前述分析，基于 Baghdadi 的研究成果，建立与锂离子电池储存温度和储存 SOC 相关的日历老化模型，以及与锂离子电池充放电电流相关的循环老化模型，日历老化衰减率见式（4.15），循环老化衰减率见式（4.16），总衰减见式（4.17）。

$$k(T,\text{SOC})_{calendar} = \exp^{\left(-\frac{81410}{8.314T} + \frac{28.883\text{SOC}}{8.314} + \frac{178.751}{8.314}\right)} \tag{4.15}$$

$$k(I)_{cyc} = \exp\left[\exp\left(\frac{49450}{8.314T} - 24.06\right)\frac{I}{I_0}\right] \tag{4.16}$$

$$k_{tot} = k_{calendar} k_{cyc} \tag{4.17}$$

式中，$k(T,\text{SOC})_{calendar}$ 为日历老化衰减率，1/天；T 为热力学温度，K；SOC 为蓄电池荷电状态，无量纲；$k(I)_{cyc}$ 为循环老化衰减率，1/天；I 为蓄电池电流，A；电流因子 I_0 取值为 1；k_{tot} 为总老化衰减率，1/天。

根据式（4.15）～式（4.17）建立 Simulink 模型，如图 4.1 所示。

（3）模型验证

根据所建立的蓄电池容量衰减模型，蓄电池日历寿命与蓄电池静置 SOC 及环境温度的关系如图 4.2 所示。随着静置 SOC 的增加及温度的升高，蓄电池日历老化寿命锐减。

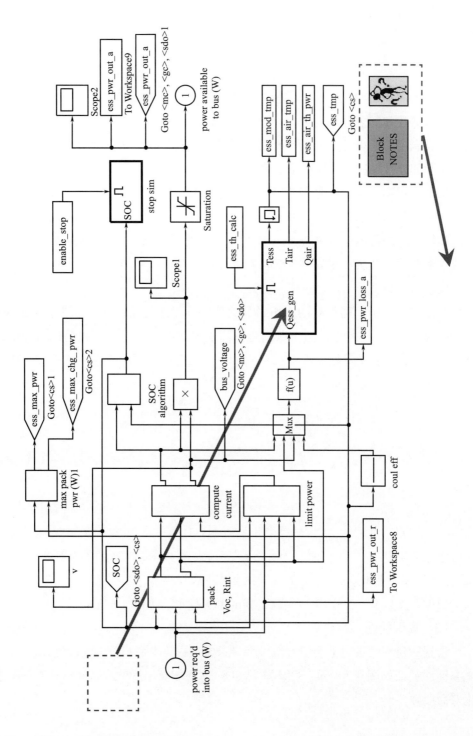

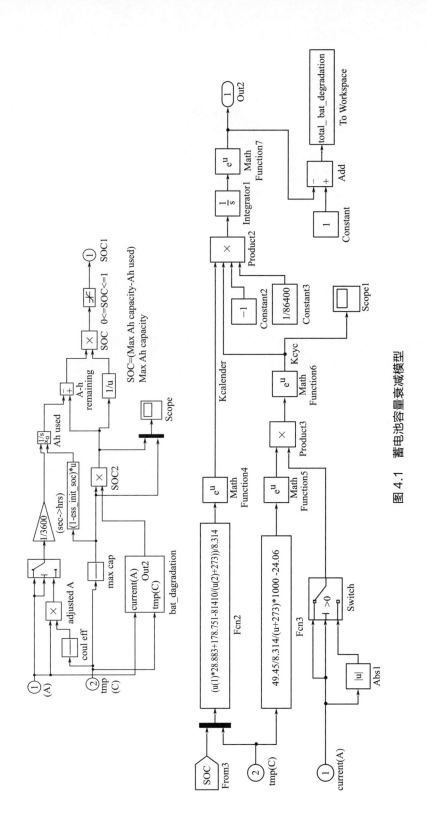

图 4.1 蓄电池容量衰减模型

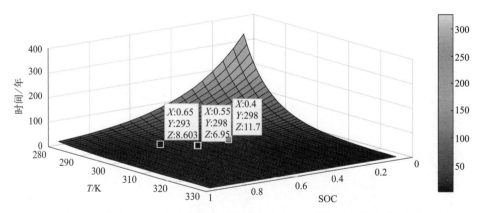

图 4.2　蓄电池日历寿命与蓄电池静置 SOC 及环境温度的关系（彩图）

蓄电池衰减模型日历老化及循环老化的验证基于"China_city 三天工况"。应用恒温器能量策略，策略的控制参数取蓄电池 SOC 上限为 0.9，下限为 0.4，燃料电池单堆持续输出功率为 20kW（双堆 40kW）。初始 SOC 设为 0.6，初始温度设为 20℃，应用恒温器能量策略的"China_city 三天工况"仿真结果如图 4.3 所示。

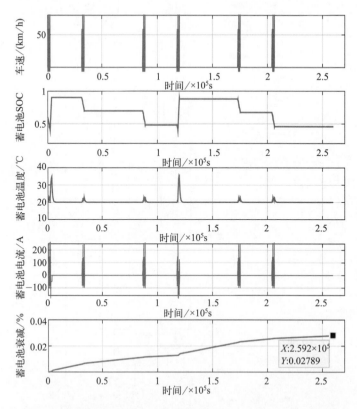

图 4.3　应用恒温器能量策略的"China_city 三天工况"仿真结果

运行一个工况，蓄电池容量衰减 0.027892%，以容量衰减 20% 为寿命终止条件，当车辆按照该工况行驶时，可得蓄电池折合寿命为 5.89 年。应用功率跟随策略的"China_city 三天工况"仿真结果如图 4.4 所示，可得蓄电池折合寿命为 9.54 年。根据文献综述中的蓄电池寿命数据可以判断，该仿真结果具有可信度，可以用来反映、对比蓄电池在不同能量管理策略控制下的衰减情况。

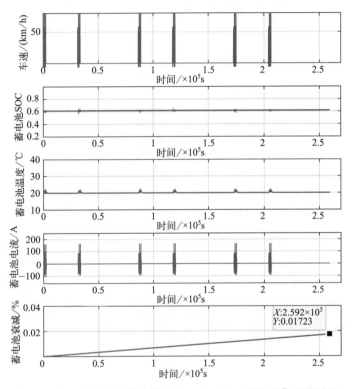

图 4.4　应用功率跟随策略的"China_city 三天工况"仿真结果

4.3
本章小结

本章分析了蓄电池的衰减机理，对比了其他学者建立的蓄电池容量衰减模型，在 ADVISOR 蓄电池仿真模型中嵌入了与本书研究目标最适用的基于达金衰减方程的蓄电池容量衰减模型，并验证了该模型用于对比不同能量管理策略控制下蓄电池衰减程度的可行性。

燃料电池汽车能量管理策略及案例

第5章
燃料电池汽车能量管理策略三级模糊综合评价体系

由于车载燃料电池系统会频繁地经历动态加载、启动／停机、连续低载或怠速运行、高功率输出等复杂的工况，相比于固定的燃料电池系统和作为普通移动电源的燃料电池系统而言，其性能衰减情况更为严重，在现有材料技术水平的基础上，有必要对燃料电池的系统控制策略进行一定的优化改进。针对燃料电池的系统控制策略，有的学者为了减少燃料电池在启动／停机过程中的性能衰减，提出了基于氮吹扫的燃料电池启停控制策略；有的学者为了减少燃料电池在冷启动过程中的性能衰减，提出了燃料电池冷启动控制策略；有的学者另辟蹊径，从整车能量管理控制策略入手，通过限制燃料电池的最大功率变化速率，改善燃料电池的动态加载情况，但其考虑的因素太少，很难综合反映整车能量管理控制策略对燃料电池使用寿命的影响。

5.1
三级模糊评价体系的建立

燃料电池在整车能量管理控制策略的控制下可能会运行在动态加载、启停循环、怠速和超载输出等不利运行工况之中，各种不利运行工况对燃料电池性能衰减的影响是通过燃料电池关键组件的性能衰减所导致的。但就不利工况对燃料电池组件的性能衰减而言，一方面，并不是所有的燃料电池关键组件都会在某一不利运行工况下有衰减，例如运行在高功率输出工况只会导致质子交换膜和催化剂及其载体的性能衰减，并不会导致气体扩散层和双极板的性能衰减；另一方面，燃料电池各组件在同一不利工况下的衰减速率可能不一样，比如在启停循环中，从衰减机理分析可知，催化剂及其载体的衰减速率明显高于气体扩散层的衰减速率。

就燃料电池各关键组件的性能衰减对燃料电池堆性能衰减的影响而言，一方面，各组件的性能衰减速率可能会不一样，引起燃料电池堆的性能衰减量不一样；另一方面，在相同的衰减速率下，不同组件引起的燃料电池堆的衰减速率也有可能不一样。

为了衡量不同能量管理控制策略对于燃料电池性能衰减的影响程度，有必要建立一个能综合考虑各不利运行工况的燃料电池使用寿命评价模型。另外，要综合评价能量管理控制策略的优劣，还必须考虑其燃料经济性。为了综合评价燃料电池汽车能量管理控制策略对于燃料经济性和燃料电池使用寿命的保护情况，在不利工况对于燃料电池各组件的性能衰减影响机理明确，但是影响情况并不易量化的情况下，可以利用模糊综合评判相关理论建立模糊综合评价模型，对燃料电池汽车能量管理控制策略的优劣进行评价。

本书所建立的模糊综合评价模型的评价体系结构包含三层（图5.1），第一层根据能量管理控制策略的燃料经济性和燃料电池性能衰减情况的评价结果进行综合评价，第二层根据燃料电池各关键组件的性能衰减情况评价结果对燃料电池堆的性能衰减情况进行综合评价，第三层根据各不利运行工况的持续时间对燃料电池各组件的性能衰减情况进行综合评价。

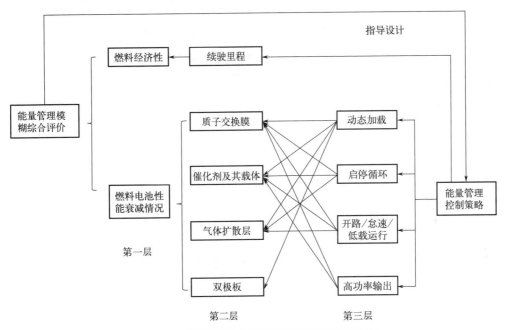

图 5.1　三层模糊综合评价模型的评价体系结构

需要指出的是，评价体系的第三层是根据燃料电池在不利工况运行时的衰减机理而建立起来的，评价体系的第二层是在认识燃料电池组件的衰减机理的基础上建立起来的，这体现了燃料电池衰减机理分析的重要性。

当需要对某一能量管理控制策略进行综合评价时，应当按层次由后往前依次进行。首先根据不利工况出现的频率和其对燃料电池堆性能衰减的破坏能力对燃料电池关键组件的性能衰减情况进行评价，然后根据关键组件的评价结果对燃料电池堆的性能衰减情况进行评价，最后根据燃料电池堆性能衰减的评价结果和燃料经济性的评价结果综合评价能量管理控制策略的优劣。

模糊综合评价模型的意义如下。

① 能综合考虑燃料经济性和燃料电池性能衰减情况，评价能量管理控制策略的优劣。第一次提出了能综合考虑燃料经济性和燃料电池性能衰减情况对能量管理控制策略的优劣进行评价的模型，具有一定的创新性和实际意义。

② 能得到与能量管理控制策略相关各评价指标的评分，可以为能量管理控制策略的改进提供明确的方向。如果燃料经济性评分偏低，可以提高燃料电池的运行效率；如果燃料电池的使用寿命相关评分偏低，通过评价体系可以分析出在此能量管理控制策略下是哪种或哪几种不利工况对燃料电池使用寿命的衰减贡献最大，进而修改能量管理控制策略，减少在此不利工况下的运行时间。如果通过评价得出是因为燃料电池动态加载太过于剧烈而导致性能衰减加快，应当改进能量管理控制策略，使燃料电池输出功率趋于平缓；如果是燃料电池启停过于频繁，应当在控制策略中考虑蓄电池 SOC 的维持等。

③ 对于燃料电池本体的研发人员，可以通过此评价模型分析出在车载工况下对燃料电池堆的性能衰减贡献最大的组件，在设计燃料电池系统时应当更加注重此组件的性能衰减情况。

5.2
各层影响因素之间权重系数的确定

本书建立了一个三层模糊综合评价模型来综合评价燃料电池汽车能量管理控制策略的优劣，三层模糊综合评价模型能真实有效地反映能量管理控制策略优劣的关键在于每一层影响因素之间权重系数的确定，如果权重系数确定得科学合理，那么模糊综合评价模型就是有效的。下面着重介绍各层评价指标之间权重系数确定过程以及其合理性。

由于评价过程按层次依次从后往前进行评价，所以权重系数的确定过程也由后往前依次确定。

5.2.1　第三层评价指标权重系数的确定

评价体系中的第三层用于评价燃料电池汽车能量管理控制策略导致燃料电池运行在不利工况的难易程度，以及在此能量管理控制策略下各不利运行工况对燃料电池性能衰减的贡献比例。评价值越高，说明此种能量管理控制策略越容易导致这种不利运行工况的出现，也说明了此能量管理控制策略有改善的空间。

模糊评价模型中第三层评价指标包括燃料电池的动态加载情况、启停情况、开路/怠速/低载运行情况以及高功率输出情况，这4个评价指标都与能量管理控制策略有必然的联系，可以通过能量管理控制策略减缓或减少不利操作情况的出现。常用车载工况的权重系数越高，表示其越容易导致燃料电池关键组件的性能衰减；常用车载工况的权重系数越低，表示其越不容易导致燃料电池关键组件的性能衰减。按照这个思路，如果能针对不同的运行情况分别测试燃料电池的衰减情况，则单位时间（单位次数）内燃料电池的衰减量就是不同评价指标的权重系数。

由于课题组实验条件有限，燃料电池堆在4种工况下的性能衰减情况通过文献分析法进行研究。如文献综述所述，测试燃料电池在4种工况中的性能衰减速率的相关文章有以下几个特点。

① 测试对象的不同。一方面，燃料电池单片的规格可能会有一定的差别，主要体现在有效活化面积的不同；另一方面，有的测试以燃料电池单片为对象，有的以几个或十几个单片组成的千瓦级别的短堆为测试对象，另外也有以10kW以上的大堆为测试对象。测试对象的不同会导致在同一工况下性能衰减的速率相差较大，例如同样是测试启停循环中燃料电池的衰减速率，Owejan等以燃料电池单片为测试对象，测试结果为每次循环平均衰减量为212μV，而Sakamoto等以燃料电池堆为测试对象，结果为每次启停循环衰减量为50～90μV，两者有较大的差距。

② 测试工况的不同。几乎所有文献都只侧重于测试4种工况中的某一种工况下燃料电池的性能衰减速率，同时对其中某几种工况进行测试的文献非常少。

③ 测试条件和结果相差非常大。例如，同样是测试变工况下的衰减速率，陆鑫等测得一个由60个燃料电池单片串联而成的额定功率为3kW的燃料电池堆的性能衰减速率为23.3μV/h；Bing等测得一个由15个燃料电池单片串联而成的额定功率为1.5kW的燃料电池堆的性能衰减速率为263.4μV/h；Lu等测得一个由

80 个燃料电池单片串联而成的额定功率为 5kW 的燃料电池堆的性能衰减速率为 72.5μV/h。三者的测试结果相差非常大，甚至不在一个数量级上。

基于以上几点，如果通过不同文献的测试结果来量化不同工况下燃料电池的性能衰减速率，结果可信度不高。因此，参考同一研究对象在相同测试条件下的不同工况燃料电池性能衰减速率的数据更为可信。

清华大学裴普成教授所领导的团队长期从事燃料电池堆耐久性方面的研究，在这一领域具有一定的权威。他们在研究燃料电池客车用燃料电池堆的性能衰减情况时，组装了一个由 100 个燃料电池单片组成的 10kW 级别的燃料电池堆进行研究，分别测试了燃料电池堆在动态加载、启停循环、怠速和高功率输出 4 个工况中燃料电池的衰减速率，测试所用工况选择合理，测试过程严谨，测试结果与相同工况的其他测试结果相比较为合理，结果可信度高。同时，其研究对象与本书的研究对象有非常高的相似度，体现在：研究对象都是 10kW 级别的车用燃料电池堆；裴普成教授所研究的燃料电池堆单片的有效活化面积为 280cm^2，与本书所研究燃料电池单片活化面积一致；裴普成教授实验用燃料电池由 100 片单片串联而成，本书的研究对象由 400 片单片串联而成，燃料电池的组成结构相同。

基于以上分析，本书认为裴普成教授的测试数据对于本书的研究而言非常合适，本书将采用其测试数据进行相关的建模和权重系数的给定。

下面将给出裴普成教授在 4 种工况下的测试过程、分析过程和测试结果。

（1）启停循环

启停循环的测试过程按照完整的启停循环流程进行，首先启动燃料电池堆，并以 10mA/cm^2 的恒定电流密度怠速运行 1min，然后关闭燃料电池堆，并用氮气对阳极进行吹扫，等到燃料电池两极间的电压降到 0 后再进行下一次启停循环。每 10 个循环后对燃料电池堆在输出电流为 100A 时的输出电压进行记录，在进行完 80h 的实验之后，通过线性拟合的方式估算出燃料电池堆在单位启停循环工况下的衰减速率为

$$v_2 = 0.00196\% \tag{5.1}$$

（2）怠速运行

怠速运行时燃料电池单片的输出电压要求不超过 0.9V，文中选择 10mA/cm^2 的电流密度作为怠速运行时燃料电池的输出电流，即输出电流为

$$I = 10\text{mA} / \text{cm}^2 \times 280\text{cm}^2 = 2.8\text{A} \tag{5.2}$$

怠速运行每 15min 后对燃料电池堆在 100A 的输出电流下的电压进行记录，怠速运行每天连续进行 5h，经过 50h 的实验后对记录的电压值进行线性拟合，得出单位实验时间内燃料电池堆的性能衰减速率为 0.00165%，减去启停循环导致的燃料电池性能衰减量即可得到怠速的衰减速率，单位时间怠速运行的衰减速率为

$$v_3 = 0.00165\% - \frac{0.00196\%}{5} = 0.00126\% \tag{5.3}$$

（3）动态加载

裴普成等为了得出动态加载下燃料电池的性能衰减速率，设计了一个在怠速运行和额定功率输出之间变化的动态加载循环用于实验。每 200 个动态加载循环后对燃料电池堆在 100A 的输出电流下的电压进行记录，经过 80h 的实验后对数据进行线性拟合，得出动态加载循环下燃料电池的性能衰减速率为 0.0000606%/ 循环。由于每天进行动态加载实验前会怠速运行 30min 热机，之后会连续运行 2000 个循环，故应当将怠速运行和启停所带来的衰减量减掉，得到每次循环动态加载导致的衰减速率为

$$v_1' = 0.0000606\% - \left(\frac{0.00196\% + 0.00126\%}{2} \right) / 2000 = 0.0000593\% \tag{5.4}$$

每小时内动态加载循环次数为 56 次，则单位时间内动态加载的衰减速率为

$$v_1 = 56v_1' = 0.00332\% \tag{5.5}$$

（4）高功率输出

高功率输出的实验过程为启动、热机半小时、稳定加载高功率电流、停机。其间每 15min 记录 1 次燃料电池堆在 100A 的输出电流下的输出电压，高功率电流指的是在燃料电池最低截止电压下的输出电流。连续稳定加载 6.5h，对记录的数据进行线性拟合，得到实验单位时间内燃料电池的性能衰减速率为 0.00199%/h，除去启停和怠速所引起的性能衰减，单位时间内高功率输出下燃料电池的衰减速率为

$$v_4 = 0.00199\% - \frac{0.00196\% + 0.00126\% \times \dfrac{30}{60}}{5} = 0.00147\% \tag{5.6}$$

对以上实验过程所得数据进行总结，对不同操作条件下燃料电池的衰减速率进行归一化处理，计算过程如下所示。

$$\text{operation}_i = \frac{v_i}{v_1 + v_2 + v_3 + v_4} \quad (i = 1,2,3,4) \tag{5.7}$$

计算得到不同操作条件下衰减速率及权重系数如表 5.1 所示。

表 5.1　计算得到不同操作条件下衰减速率及权重系数

工况	动态加载	启停循环	怠速运行	高功率输出
衰减速率	0.00332%/h	0.00196%/ 次	0.00126%/h	0.00147%/h
归一化权重	0.4145	0.2447	0.1573	0.1835

分析表 5.1 中各运行条件的权重系数可知，动态加载的权重系数最高，达到了 0.4145，说明如果分别对燃料电池在各不利条件下运行单位时间（次数），动态加载所导致的性能衰减量占燃料电池衰减总量的 41.15%，启停所造成的性能衰减量占 24.47%，怠速运行所造成的性能衰减量占 15.73%，高功率输出所造成的性能衰减量占 18.35%。说明车辆的动态加载运行是导致燃料电池使用寿命降低的主要因素，这与包括衣宝廉、Borup 和 Wu 等在内的众多研究者通过实际运行、实验、模型计算等分析手段所得出的结论一致，这间接地说明了裴普成等的实验结果可信，也说明了第三层评价指标之间的权重系数具有一定的可信度和正确性。

5.2.2　第二层评价指标权重系数的确定

评价体系中的第二层用于评价燃料电池各关键组件的性能衰减情况，以及各关键组件的性能衰减对燃料电池堆的性能衰减的贡献比例。

第二层评价指标包括催化剂及其载体、质子交换膜、气体扩散层以及双极板，本书认为能量管理控制策略所导致的燃料电池堆的性能衰减都是通过这四个关键组件的性能衰减来反映的。它们之间的权重系数代表着对燃料电池堆性能衰减的影响程度，权重系数越高，表示此组件的性能衰减更容易导致燃料电池堆的性能衰减；权重系数越低，表示此组件的性能衰减越不容易导致燃料电池堆的性能衰减。然而，由于燃料电池是一个复杂系统，其寿命不仅仅与单个组件的寿命相关，也与各个组件的相互作用有关，因此很难对燃料电池各组件的性能衰减进行量化，也很难对相关衰减机理进行排名。

分析燃料电池运行在各不利工况时的衰减机理，各不利工况下燃料电池的性能衰减都是通过燃料电池组件的衰减而导致的，因此燃料电池在各不利工况下运行单位时间（次数）所导致的性能衰减量的总和与在这段时间内燃料电池关键组件性能衰减所导致的燃料电池堆的性能衰减量的总和相等。如果在各不利工况下燃料电池组件的衰减量可以量化，则可以求出各组件对燃料电池堆性能衰减的贡献量。查阅相关文献可知，张新丰等在查阅了众多文献之后给出了各不利工况对燃料电池组件性能衰减的半定量分析，基本符合机理分析的结果，但有两点需要进行修正，包括：

① 动态加载时会造成双极板明显的衰减，并不可以忽略；

② 开路 / 怠速 / 低载运行时会造成气体扩散层明显的衰减，并不可以忽略。

不利工况对燃料电池组件性能衰减影响程度如表 5.2 所示。

表 5.2　不利工况对燃料电池组件性能衰减影响程度

工况对组件的影响	催化剂及其载体	质子交换膜	气体扩散层	双极板
动态加载	剧烈影响	剧烈影响	明显影响	明显影响
启停循环	剧烈影响	明显影响	明显影响	可以忽略
开路 / 怠速 / 低载运行	明显影响	剧烈影响	明显影响	可以忽略
高功率输出	剧烈影响	剧烈影响	可以忽略	可以忽略

根据表 5.2 中的内容可知，所有不利工况都会对催化剂及其载体和质子交换膜的性能衰减有剧烈影响或明显影响，说明不利工况引起燃料电池堆性能衰减主要是通过催化剂及其载体和质子交换膜的性能衰减造成的，这与美国克莱姆森大学的 Schmittinger 等和中国汽车研究中心的秦孔建等所得出的结论一致，这间接说明了以上定量分析的合理性和准确性。

由于评价模型中第三层与第二层之间的相关性较为模糊，本书运用模糊综合评判理论来求取第二层评价指标之间的权重系数，按照模糊综合评判的步骤，首先，确定因素集 U，因素集：

$$U = \{u_1, u_2, u_3, u_4\} \tag{5.8}$$

式中，u_1 为动态加载；u_2 为启停循环；u_3 为开路 / 怠速 / 低载运行；u_4 为高功率输出。

其次，确定评判集 V，评判集：

$$V = \{v_1, v_2, v_3, v_4\} \tag{5.9}$$

式中，v_1 表示催化剂及其载体；v_2 表示质子交换膜；v_3 表示气体扩散层；v_4 表示双极板。

再次，建立单因素评判矩阵 R。在本书中，明显影响的权重设置为 1，剧烈影响的权重设置为 3，则因素集 U 对评判集 V 的评价结果量化如表 5.3 所示。$c_{i,j}(i=1,2,3,4;j=1,2,3,4)$ 表示第 i 项因素 $u_i(i=1,2,3,4)$ 对评判集 $v_j(j=1,2,3,4)$ 的评价结果。

表 5.3　因素集 U 对评判集 V 的评价结果量化

因素集 U	评判集 V			
	V_1	V_2	V_3	V_4
U_1	3	3	1	1
U_2	3	1	1	0
U_3	1	3	1	0
U_4	3	3	0	0

对每个单一因素的评价值进行归一化处理，令

$$r_{i,j} = \frac{c_{i,j}}{\sum_{j=1}^{4} c_{i,j}} \quad (i=1,2,3,4) \tag{5.10}$$

由式（5.10）可得出单因素的评判矩阵。

$$R = \begin{bmatrix} 3/8 & 3/8 & 1/8 & 1/8 \\ 3/5 & 1/5 & 1/5 & 0 \\ 1/5 & 3/5 & 1/5 & 0 \\ 1/2 & 1/2 & 0 & 0 \end{bmatrix} \tag{5.11}$$

最后，进行综合评判。因素集的权重为

$$\text{operation} = (0.4145 \quad 0.2447 \quad 0.1573 \quad 0.1835) \tag{5.12}$$

则燃料电池各组件的权重系数为

$$\begin{aligned} \text{component} &= \text{operation} \times R \\ &= [0.4145 \quad 0.2447 \quad 0.1573 \quad 0.1835]R \\ &= [0.4255 \quad 0.3905 \quad 0.1322 \quad 0.0518] \end{aligned} \tag{5.13}$$

即催化剂及其载体权重系数为 $\text{component}_1 = 0.4255$，质子交换膜的权重系数为 $\text{component}_2 = 0.3905$，气体扩散层的权重系数为 $\text{component}_3 = 0.1322$，双极板的权重系数为 $\text{component}_4 = 0.0518$。

5.2.3　第一层评价指标权重系数的确定

三层模糊评价模型中第一层为燃料经济性与燃料电池性能衰减情况，两者共同决定待评价的能量管理控制策略的优劣。由于本书着重考虑能量管理控制策略对燃料电池使用寿命的影响，所以燃料电池性能衰减情况的权重系数应当高于燃料经济性的权重系数。本书将燃料经济性的权重系数设定为1，燃料电池性能衰减情况的权重系数设定为3，对权重系数进行归一化处理，处理后燃料经济性的权重系数为0.25，燃料电池性能衰减情况的权重系数为0.75，如表5.4所示。

表 5.4　第一层评价指标的权重系数

影响因素	燃料经济性	燃料电池性能衰减情况
权重系数	0.25	0.75

5.3
第三层评价指标的量化及其评价

评价体系第三层中的评价指标可以分类为考虑燃料经济性的评价指标和考虑燃料电池使用寿命的评价指标。

5.3.1　考虑燃料经济性的评价指标

5.3.1.1　燃料经济性的评价过程

一般情况下，新能源汽车能量管理控制策略优劣的评价指标是燃料经济性，燃料经济性越高，能量管理控制策略性能越好，虽然本书要着重考虑能量管理控制策略对于燃料电池使用寿命的影响，但是如果出现两种对燃料电池使用寿命影响程度相同的能量管理控制策略时，燃料经济性较高的能量管理控制策略显然更加优异。

另外，如果为了延长燃料电池使用寿命而导致燃料电池汽车燃料经济性太低，使得保护燃料电池使用寿命而获得的利益少于燃料经济性带来的利益，并不完全符合市场化的规律。因此，在评价燃料电池汽车能量管理控制策略优劣的模型中，燃料经济性必定是评价指标之一。

与燃料经济性相关的评价指标包括百公里耗氢量（g/100km）、续驶里程（km）等，但两者之间成比例关系，本书以初始 SOC=0.6、储氢量为 3.6kg 时的续驶里程作为考虑燃料电池汽车燃料经济性的评价指标。

燃料经济性评价指标的评价分数的计算公式如下所示。

$$g_{economy} = \frac{s_{max} - s}{s_{max} - s_{power\_follow}} \tag{5.14}$$

式中，$g_{economy}$ 为续驶里程的评价分数；s_{max} 为燃料电池汽车理论上的最大续驶里程；s_{power_follow} 为燃料电池汽车在功率跟随能量管理控制策略控制下的续驶里程；s 为燃料电池汽车在待评价能量管理控制策略控制下的续驶里程。

本书用动态规划算法来求取燃料电池汽车全局最优的续驶里程，求解过程和结果如下所示。

5.3.1.2 动态规划算法用于获取经济性的评价基准

对燃料电池汽车在某一能量管理控制策略下的经济性进行评价，需要有一个评价的基准。在已知行程工况的条件下，动态规划算法常常用于制定混合动力汽车的能量管理控制策略，以取得全局最优的燃料经济性。虽然动态规划算法在实际运用中存在许多问题，比如工况信息的多变性以及算法计算量大等，但其结果往往作为评判其他能量管理控制策略经济性优劣的评价基准。本书也采用基于动态规划算法的能量管理控制策略用于求取理论上最优的续驶里程，并将此续驶里程作为评价其他能量管理控制策略的基准。

燃料电池汽车能量管理问题是一个多阶段决策问题，对于一个阶段数为 N 的多阶段决策问题，可用如图 5.2 所示的示意图表示整个决策过程。

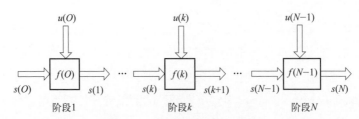

图 5.2　多阶段决策过程示意图

多阶段决策过程可用状态转移方程来描述。

$$s(k+1) = f[s(k), u(k)] \quad (k = 0, 1, \cdots, N) \tag{5.15}$$

式中，$s(k)$ 为阶段 k 的状态向量，本书中的状态向量仅仅包含蓄电池 SOC 一个量；$u(k)$ 为阶段 k 的决策向量，本书中的决策向量仅仅包含燃料电池输出功率 P_{fc} 一个量，蓄电池输出功率 P_{bat} 由公式 $P_{rqr} = P_{fc} + P_{bat}$ 计算得到。

状态转移方程表示 $k+1$ 阶段的蓄电池 SOC 值由第 k 阶段的 SOC 值和决策向量 $u(k)$ 决定。

$$s(k+1) = s(k) - \frac{I(k)}{C_{bat}} = s(k) - \frac{U_{OCV}(k) - \sqrt{U_{OCV}^2(k) - 4R_{bat}(k)[P_{rqr}(k) - P_{fc}(k)]}}{2R_{bat}(k)C_{bat}} \tag{5.16}$$

良好的燃料经济性是燃料电池混合动力汽车能量管理控制的目标之一。燃料电池汽车包含燃料电池和蓄电池两种能量源，两者既可以单独驱动，也可以同时驱动，为了综合反映燃料电池混合动力系统的瞬时能量消耗水平，将蓄电池消耗或吸收的电能转化为对应的氢耗量，与燃料电池消耗的氢气量叠加得到等效耗氢量。

$$d[s(k), u(k)] = M_{fc}(k) + M_{bat}(k) \tag{5.17}$$

式中，$M_{fc}(k)$ 为燃料电池的耗氢量；$M_{bat}(k)$ 为蓄电池的等效耗氢量，其计算公式为

$$M_{bat}(k) = \begin{cases} \dfrac{P_{bat}(k)}{\eta_{dis}\eta_{chg,avg}} \times \dfrac{M_{fc,avg}}{P_{dc,avg}} & P_{bat}(k) \geqslant 0 \\[4mm] P_{bat}(k)\eta_{chg}\eta_{dis,avg} \dfrac{M_{fc,avg}}{P_{dc,avg}} & P_{bat}(k) < 0 \end{cases} \tag{5.18}$$

式中，$P_{bat}(k)$ 为蓄电池阶段 k 的输出功率；$M_{fc,avg}$ 为燃料电池平均耗氢量；$P_{dc,avg}$ 为 DC/DC 转换器的平均功率；η_{dis} 和 η_{chg} 分别为蓄电池放电和充电效率；$\eta_{dis,avg}$ 和 $\eta_{chg,avg}$ 分别为平均充放电效率。

用动态规划算法来求取燃料电池汽车能量管理控制策略的目标是在满足一定限制条件的情况下，使得整个行程等效耗氢量最小，即

$$J = \min \sum_{k=0}^{N-1} d[s(k), u(k)] \tag{5.19}$$

限制条件包括：

① 考虑到蓄电池的使用寿命、充放电效率和制动能量回收，蓄电池的 SOC 应当处于合理范围内，本书取 [0.3, 0.8]；

② 需求功率等于燃料电池和蓄电池输出功率之和；

③ 燃料电池输出功率处于其输出能力范围内；

④ 蓄电池输出功率处于其输出能力范围内。

限制条件的数学描述如下所示。

$$\text{s.t.} \begin{cases} \text{SOC}_{min} \leqslant \text{SOC} \leqslant \text{SOC}_{max} \\ P_{rqr} = P_{fc} + P_{bat} \\ P_{fc,min} \leqslant P_{fc} \leqslant P_{fc,max} \\ P_{bat,min} \leqslant P_{bat} \leqslant P_{bat,max} \end{cases} \tag{5.20}$$

动态规划的整个求解过程分为两个阶段，先按整体最优的思想逆序计算出各阶段中所有可能状态的最优决策与最优状态变量轨迹，然后顺序生成整个问题的最优策略和最优路线。

在逆向计算过程中，动态规划算法的最优化原理由其基本方程体现，即

$$\begin{cases} f_k(s_k) = \underset{u_k \in U_k}{\text{opt}} \{d_k[s_k, u_k(s_k)] + f_{k+1}(s_{k+1})\} & k = N-1, N-2, \cdots, 0 \\ f_N(s_N) = 0 \end{cases} \tag{5.21}$$

式中，$f_k(s_k)$ 为第 k 阶段到第 N 阶段的最少的等效耗氢量值；u_k 为燃料电池输出功率可行域；$d_k[s_k, u_k(s_k)]$ 为第 k 阶段蓄电池 SOC 等于 s_k、燃料电池功率等于 $u_k(s_k)$ 时的等效耗氢量。

动态规划算法在燃料电池汽车能量管理问题中的运用的关键在于状态变量 SOC 和燃料电池输出功率的离散化，通常离散化越精细，燃料经济性越高，但需要的计算时间成倍地增加。本书中状态变量 SOC 以 0.001 为间隔进行离散化，即

$$\text{SOC} \in \{0.3 + 0.001i\} \quad i = 0, 1, \cdots, 500 \tag{5.22}$$

燃料电池的最大输出功率为 45kW，如果以 1kW 为间隔进行离散化，则

$$P_{fc} \in \{0 + 1000j\} \quad j = 0, 1, \cdots, 45 \tag{5.23}$$

如图 5.3 所示是状态变量的标准离散格栅点。由于本书研究的燃料电池混合动力系统中的主要能量来源是燃料电池，蓄电池选用的是高功率型锂电池，要求

行程结束时蓄电池 SOC 维持在初始状态，即 $SOC(N) \approx SOC(0)$。另外，由于燃料电池放电能力和蓄电池充放电能力的限制，靠近初始阶段和结束阶段较近的行程，可行 SOC 有一定的限制，并不是 $[0.3, 0.8]$ 整个范围。下面以阶段 k 为例来说明动态规划的计算过程。

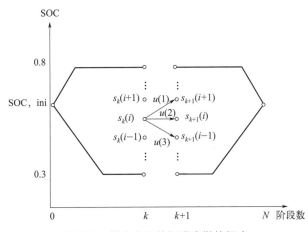

图 5.3　状态变量的标准离散格栅点

由动态规划的基本方程可知，当需要计算阶段 k 到阶段 N 的最优指标值时，阶段 $k+1$ 的每个可行 SOC 离散点到阶段 N 的最优指标值均已知。$s_{k+1}(i)$ 表示阶段 $k+1$ 的可行 $SOC(i)$, $J_{k+1}(i)$ 表示以状态 $s_{k+1}(i)$ 为初始状态到达阶段 N 时的最优指标值。

现要计算以 $s_k(i)$ 为初始状态到达阶段 N 时的最优指标值 $J_k(i)$，如果可行的决策为 $u_k(i,1)$、$u_k(i,2)$ 和 $u_k(i,3)$，对应的等效耗氢量为 $d_k(i,1)$、$d_k(i,2)$ 和 $d_k(i,3)$，对应的 $k+1$ 阶段 SOC 状态为 $s_{k+1}(i-1)$、$s_{k+1}(i)$ 和 $s_{k+1}(i+1)$，则从阶段 k 的离散 $SOC(i)$ 为初始状态到阶段 N 的最优指标值如下。

$$J_k(i) = \min\{d_k(i,1) + J_{k+1}(i-1), d_k(i,2) + J_{k+1}(i), d_k(i,3) + J_{k+1}(i+1)\} \qquad （5.24）$$

$u_k(i,1)$、$u_k(i,2)$、$u_k(i,3)$ 为可行解，则其必须满足状态转移条件，即

$$s_{k+1}(i+j) - \{s_k(i) + f[u_k(i+j)]\} < \frac{0.001}{2} = 0.0005 \quad j = -1, 0, 1 \qquad （5.25）$$

同样地，以 $s_k(i+1)$ 和 $s_k(i-1)$ 为初始状态到达阶段 N 时的最优指标值也可以

得到，记为 $J_k(i+1)$ 和 $J_k(i-1)$。当获得阶段 k 以所有可行的 SOC 为初始状态时的最优指标值后，取最小值即可获得阶段 k 到阶段 N 的最优指标值和对应的最优决策，即

$$J_k = \min\{J_k(i), i=0,1,\cdots,500\} \tag{5.26}$$

计算过程中保存每阶段每个可行状态变量所对应的最优氢耗量和最优决策，便于在正向生成过程调用。初始状态所对应的最优耗氢量 J_1 即为逆向计算过程所得的理论最优总耗氢量。

以 NEDC 工况为研究工况，用 MATLAB 编程进行动态规划算法的离线计算过程，将获得的能量管理控制策略输入 ADVISOR 仿真分析软件进行经济性仿真，两个关键的量为蓄电池 SOC 和耗氢量，离线计算与 ADVISOR 仿真结果如表 5.5 所示，理论值和仿真值的误差均在 1% 以内，结果可信度高。

表 5.5　离线计算与 ADVISOR 仿真结果

项目	行程结束时 SOC			耗氢量		
	理论值	仿真值	误差 /%	理论值 /g	仿真值 /g	误差 /%
结果	0.6	0.5973	0.45	155.73	156.88	0.74

基于动态规划算法能量管理控制策略的仿真结果如图 5.4 所示，可以看出燃料电池的输出功率集中在 14 ~ 20kW，且与整车需求功率的大小有一定的关系。动态规划算法对应的蓄电池 SOC 轨迹如图 5.5 所示，可以看出蓄电池 SOC 在行程初始和终了时刻都为 0.6，满足设计要求。

以仿真值作为最终的动态规划算法的结果，则每个 UDDS 工况下耗氢量为 156.88g，在储氢量为 3.6kg 时能够完成 22.95 个 UDDS 工况，每个 UDDS 工况的续驶里程为 11.99km，对应的总续驶里程为 275.1km，因此经济性评价指标的评价基准为 $s_{\max}$ =275.1km。

因此，燃料经济性评价指标的评价分数的计算公式为

$$g_{\text{economy}} = \frac{275.1-s}{275.1-203.9} = \frac{275.1-s}{71.2} \tag{5.27}$$

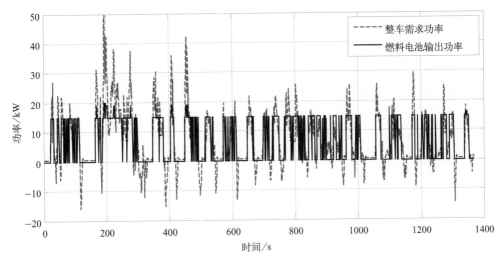

图 5.4　基于动态规划算法能量管理控制策略的仿真结果

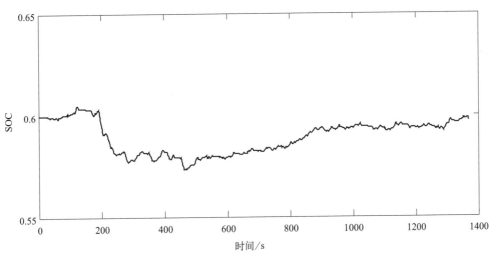

图 5.5　动态规划算法对应的蓄电池 SOC 轨迹

5.3.2　考虑燃料电池使用寿命的评价指标

如前文所述，在所有能引起燃料电池性能衰减加快的不利运行工况中，能量管理控制策略能改善燃料电池的动态加载情况、启停循环次数、开路 / 怠速 / 低载运行情况和高功率输出情况，但并不能改善燃料电池的污染情况，同时燃料电池冷启动过程需要开发专门的控制策略，暂不考虑能量管理控制策略对冷启动性能的改善。因此，综合评价模型中与燃料电池使用寿命相关的评价指标为以上四个不利运行工况的维持时间。

5.3.2.1　动态加载情况

以单位时间内燃料电池功率密度上升的累积量来反映燃料电池的动态加载情况。燃料电池输出功率从怠速状态升高至额定功率被认为是一个动态加载循环，对应的电流密度从 0 升高至额定功率对应的电流密度，此过程累积的电流密度为一个动态加载循环对应的电流密度累积量。

由于本书所选用的燃料电池堆在额定功率时对应的电流密度为 $0.75A/cm^2$，且在动态加载工况权重系数的确定时，以每小时 56 次的动态加载循环对应的衰减量作为动态加载工况性能衰减的表征值，因此，动态加载情况的评价分数的计算公式如下所示。

$$g_{\text{dynamic}} = \frac{\dfrac{d}{t}}{56 \times 0.75} = \frac{d}{42t} \tag{5.28}$$

式中，g_{dynamic} 为动态加载情况的评价分数；d 为在待评价能量管理控制策略控制下燃料电池在续驶里程内总共的功率密度上升累积量；t 为续驶里程的总时间。

5.3.2.2　启停循环次数

评价模型中启停循环次数指的是单位时间内燃料电池的启停次数。

由于在确定权重系数时，以每次启停循环的衰减量作为其性能衰减的表征值，因此启停循环次数的评价分数的计算公式如下所示。

$$g_{\text{start-stop}} = \frac{n}{t} \tag{5.29}$$

式中，$g_{\text{start-stop}}$ 为启停循环次数的评价分数；n 为在待评价能量管理控制策略控制下整个续驶里程内燃料电池的启停次数；t 为续驶里程的总时间。

5.3.2.3　开路/怠速/低载运行情况

燃料电池运行在开路/怠速/低载等不利工况时，阴极高电位是引起性能衰减的主要原因。衣宝廉等指出当燃料电池低载或怠速运行时，阴极电位通常为 0.85 ～ 0.9V。美国 UTC 公司在发表的专利中指出，当燃料电池阴极的电压高于某一临界值时会引起催化剂及其载体的快速衰减，这一临界值约等于 0.85V。因此，本书认为当单片电压高于 0.85V 时，燃料电池处于开路 / 怠速 / 低载运行情况。将项目用燃料电池堆在研究过程中测试所得输出电压与输出功率之间的关系换算成燃料电池单体的输出电压与输出功率的关系，其结果如图 5.6 所示。通过插值计算，可知燃料电池单片输出电压为 0.85V 时对应的燃料电池堆输出功率为 4.42kW。所以，评价模型中开路 / 怠速 / 低载等运行情况指的是单位时间内燃料电池输出功率小于 4.42kW 的时间。

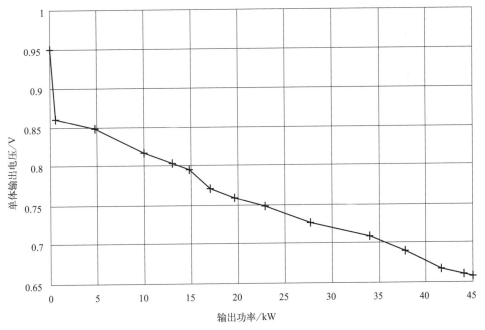

图 5.6 燃料电池单体输出电压与输出功率的关系

开路 / 怠速 / 低载运行情况的评价分数的计算公式如下所示。

$$g_{\mathrm{low}} = \frac{l}{t} \qquad (5.30)$$

式中，g_{low} 为开路 / 怠速 / 低载运行情况的评价分数；l 为在待评价能量管理控制策略控制下燃料电池输出功率小于 4.42kW 的总时间；t 为续驶里程的总时间。

5.3.2.4　高功率输出情况

林瑞等在研究动态循环对于燃料电池性能衰减的影响时，对于活化面积为 50cm² 的燃料电池单体，在设置动态电流时将高功率电流设置为 35A，对应的电流密度为 0.7A/cm²。裴普成等认为当燃料电池单体的输出电压超过某一阈值时，燃料电池处于高功率输出状态。考虑到燃料电池的性能衰减是以电压的衰减来衡量的，因此以最低输出电压来表征高功率输出更为合理。本书以 0.7V 作为燃料电池高功率输出时单体电压的阈值，当单体输出电压低于 0.7V 时认为燃料电池堆处于高功率输出状态。

如图 5.6 所示，燃料电池单体输出电压为 0.7V 时对应的燃料电池堆的输出功率为 35.75kW，所以单位时间内燃料电池处于高功率输出工况的时间为功率超过 35.75kW 的时间。

高功率输出情况的评价分数的计算公式如下所示。

$$g_{high} = \frac{h}{t} \tag{5.31}$$

式中，g_{high} 为高功率输出情况的评价分数；h 为在待评价能量管理控制策略控制下燃料电池输出功率大于 35.75kW 的总时间；t 为续驶里程的总时间。

5.4
本章小结

本章在理解燃料电池性能衰减机理的基础上，考虑到不利工况对燃料电池组件的性能衰减情况不易量化的情况，利用模糊综合评判相关理论建立了综合考虑燃料经济性和燃料电池使用寿命的模糊综合评价体系。此评价体系包含三层，第一层包含燃料经济性和燃料电池性能衰减情况两个评价指标，第二层包含燃料电池关键组件的性能衰减情况等 4 个评价指标，第三层包含不利运行工况的运行时间等 4 个评价指标。然后根据单位时间（次数）内不利运行工况中燃料电池的性能衰减速率确定了第三层评价指标之间的权重系数；根据模糊决策相关理论将不利运行工况对于燃料电池组件性能衰减的影响进行量化，得到第二层评价指标之间的权重系数；然后根据燃料经济性与燃料电池使用寿命在本书研究重要性上的差别确定了第一层评价指标之间的权重系数。最后对第三层评价指标进行了量化，并给出了评价指标的评价方法和公式。当需要对某一能量管理控制策略进行评价时，应当从第三层依次往前进行评价，根据第一层的综合评价分数高低判定能量管理控制策略的优劣，分数越低，控制策略越优秀。

燃料电池汽车能量管理策略及案例

第6章
燃料电池汽车能量管理策略案例

6.1
基于瞬时优化的能量管理策略

6.1.1 功率损失方程

瞬时优化策略通过计算并对比不同功率分配方案下燃料电池汽车电源系统整体的功率损失，求解当前功率损失最小的方案。因此，瞬时优化策略中的优化问题为，在给定总线需求功率 P_{req} 后，在满足总输出功率为需求功率的情况下，确定使整体功率损失 L_{total} 最小的燃料电池系统功率 P_{fc} 和蓄电池的充放电功率 P_{bat}。为了保护蓄电池，需要确保蓄电池的荷电状态（SOC）为 0.1 ~ 0.9。瞬时优化策略中的优化问题可以通过式（6.1）表示，其约束条件可表示为式（6.2）和式（6.3）。

$$\min_{P_{fc}, P_{bat}} L_{total}(P_{fc}, P_{bat}) \tag{6.1}$$

$$P_{req} = P_{fc} + P_{bat} \tag{6.2}$$

$$0.1 \leqslant SOC \leqslant 0.9 \tag{6.3}$$

燃料电池汽车搭载了两种不同的动力源，在运行过程中两种动力源共同工作提供车辆行驶需要的动力。根据动力系统的拓扑结构和能量管理模块的工作规则，首先燃料电池输出功率，再通过蓄电池充电或放电进行调整，相互协作产生车辆行驶需要的功率。因此燃料电池汽车行驶时的电源系统的功率损失包括两种动力源的损失，具体包括三个部分，分别是燃料电池运行造成的功率损失 L_{fc}、蓄电池功率损失 L_{bat} 以及未来释放或产生相应功率的损失 L_{future}。

燃料电池的功率损失是由于在实际工作中，燃料电池大部分时间不能在效率最高的工作点工作，因此在以功率 P_{fc} 运行时，燃料电池中产生的功率损失如式（6.4）所示。

$$L_{fc}(P_{fc}) = P_{fc}\left(\frac{1}{\eta_{fc\_sys}} - \frac{1}{\eta_{fc\_sys\_max}}\right) \tag{6.4}$$

式中，η_{fc_sys} 为输出功率为 P_{fc} 时对应的效率；$\eta_{fc\_sys\_max}$ 为燃料电池系统的最优效率。

蓄电池的功率损失包括充电和放电两种情况。

蓄电池处于充电状态时，其功率损失包括充电时损耗的功率，如式（6.5）所示，以及充入蓄电池中的这部分能量在未来可能出现的放电时的功率损失。由于未来放电效率未知，因此采用蓄电池的平均放电效率，如式（6.6）所示，其中 η_{char} 为以功率 P_{bat} 充电的效率，$\overline{\eta}_{dischar}$ 为蓄电池的平均放电效率。

$$L_{bat}(P_{bat}) = P_{bat}(1 - \eta_{char}) \tag{6.5}$$

$$L_{future}(P_{bat}) = P_{bat}\eta_{char}(1 - \overline{\eta}_{dischar}) \tag{6.6}$$

蓄电池处于放电状态时，其功率损失包括放电造成的功率损耗，如式（6.7）所示，以及未来通过燃料电池生成放电所消耗的功率时的功率损失。由于未来燃料电池工作的效率和充入蓄电池的效率未知，因此均采用其平均效率，如式（6.8）所示，$\eta_{dischar}$ 为蓄电池以 P_{bat} 工作的放电效率；$\overline{\eta}_{char}$ 为平均充电效率；$\overline{\eta}_{fc\_sys}$ 为燃料电池系统平均效率。

$$L_{bat}(P_{bat}) = P_{bat}\left(\frac{1}{\eta_{dischar}} - 1\right) \tag{6.7}$$

$$L_{future}(P_{bat}) = \frac{P_{bat}}{\overline{\eta}_{char}\eta_{dischar}}\left(\frac{1}{\overline{\eta}_{fc\_sys}} - \frac{1}{\eta_{fc\_sys\_max}}\right) \tag{6.8}$$

燃料电池汽车的动力系统中全部功率损失如式（6.9）所示。

$$L_{total}(P_{fc}, P_{bat}) = L_{fc}(P_{fc}) + L_{bat}(P_{bat}) + L_{future}(P_{bat}) \tag{6.9}$$

6.1.2 功率分配方案求解

通过求解优化问题可以得到使电源系统总功率损失最小的功率分配方案，如式（6.10）所示，其中 $P_{fc,opt}$ 和 $P_{bat,opt}$ 为当前需求功率下的最优的燃料电池功率和蓄电池功率。

$$P_{fc,opt}, P_{bat,opt} = \underset{P_{fc}, P_{bat}}{\mathrm{argmin}}[L_{total}(P_{fc}, P_{bat})] \tag{6.10}$$

离线条件下确定瞬时优化策略中的最优功率分配方案的计算过程如表 6.1 所示。首先按照 1kW 的间隔遍历可能的总线需求功率，并按照 0.05 的间隔遍历蓄电池的 SOC。在已知需求功率后，按照 0.5kW 的间隔将 P_{fc} 离散化并遍历，根据优化问题的限制条件，可以得到蓄电池的充电或放电功率 P_{bat}，获得所有可能的电源系统功率组合。不考虑权重系数 k 的 IOEMS 输出功率方案如图 6.1 所示。

表 6.1　IOEMS 的计算过程

算法 1：IOEMS 的计算过程
For power_req = [−40,40] **do**
初始化功率损失
For power_fc = [0,40] **do**
计算蓄电池功率
For soc = [0.5,1] **do**
计算燃料电池功率损失
计算蓄电池功率损失
if 当前功率损失小于最小功率损失
更新功率损失和分配方案
end if
end for
end for
输出当前需求功率下分配方案
end for

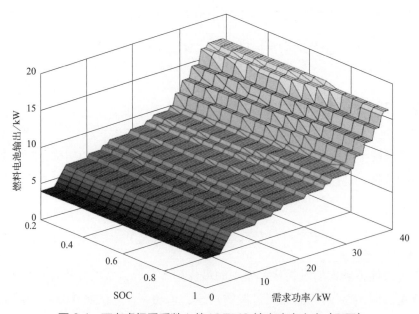

图 6.1　不考虑权重系数 k 的 IOEMS 输出功率方案（彩图）

6.1.3 仿真实验结果

为了对瞬时优化策略的优化效果进行评价，本书将建立一种功率跟随能量管理策略（Power Follow Energy Management Strategy，PFEMS）作为基准。功率跟随能量管理策略简称功率跟随策略，是一种经典的混合动力汽车控制策略，具有操作简单、实时性强等优点。

本书中的功率跟随策略将控制燃料电池在其工作范围内跟随需求功率调整其工作点，在需求功率过大时，由蓄电池补充不足的功率；当需求功率较小时，发出的多余的功率作为输出充入蓄电池中。燃料电池在功率适中的范围工作时其经济性能较好，因此规定燃料电池工作的功率范围下限为 4kW，上限为 25kW。ADVISOR 中功率跟随策略的模型如图 6.2 所示。

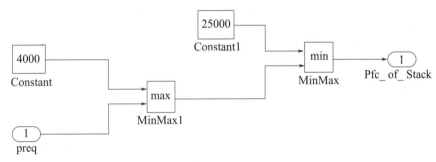

图 6.2　ADVISOR 中功率跟随策略的模型

利用 ADVISOR 建立的车辆模型可以对燃料电池汽车运行过程中的性能表现进行仿真。本节采用 UDDS 和 HWFET 工况，分别对瞬时优化策略（IOEMS）和功率跟随策略（PFEMS）进行了仿真，结果如表 6.2 和表 6.3 所示。仿真过程中记录了燃料电池的氢耗量和 SOC 变化情况，根据等效氢气消耗计算方法，得到了整个动力系统的等效氢气消耗量。

表 6.2　IOEMS 的仿真结果

工况	燃料电池氢耗量 /g	SOC 终值	ΔSOC	总等效氢耗量 /g
UDDS	155.6	0.7874	0.0126	186.68
UDDS×3	458.2	0.7624	0.0376	550.95
HWFET	119.7	0.7545	0.0455	231.93
HWFET×3	353.9	0.6632	0.1368	691.34

表 6.3　PFEMS 的仿真结果

工况	燃料电池氢耗量 /g	SOC 终值	ΔSOC	总等效氢耗量 /g
UDDS	253.6	0.8165	−0.0165	212.90
UDDS×3	753.7	0.8493	−0.0493	632.09
HWFET	271.4	0.7993	0.0007	273.13
HWFET×3	807.5	0.7981	0.0019	812.19

表 6.4 对比了两种策略的等效氢耗量并且计算了瞬时优化策略相比功率跟随策略等效氢耗量减少的幅度。从总等效氢耗量数据可以看出，相比功率跟随策略，本章提出的瞬时优化策略在 UDDS 和 HWFET 两种工况下分别可以减少 12.32%～12.84% 和 14.88%～15.08% 的等效氢气消耗。仿真结果说明瞬时优化策略可以有效提高燃料电池汽车的经济性能。

表 6.4　两种能量管理策略的对比

工况	IOEMS 等效氢耗量	PFEMS 等效氢耗量	优化幅度 /%
UDDS	186.68	212.90	12.32
UDDS×3	550.95	632.09	12.84
HWFET	231.93	273.13	15.08
HWFET×3	691.34	812.19	14.88

在 HWFET 工况下，燃料电池汽车在应用两种不同策略时燃料电池的工作情况如图 6.3 所示，UDDS 工况下两种策略控制结果对比如图 6.4 所示。图中对比了需求功率和燃料电池功率，可以发现采用瞬时优化策略时燃料电池功率较低并且波动幅度较小，而采用功率跟随策略时，燃料电池快速波动并且达到了工作范围的上限。由燃料电池的效率曲线可知，当输出功率大于最高效率点对应功率时，燃料电池功率越大，效率越低。功率跟随策略较多地以高功率输出导致其效率下降，而瞬时优化策略通过调整电源系统功率分配，减少了燃料电池在高功率区间工作的情况，从而减少了能量的消耗。

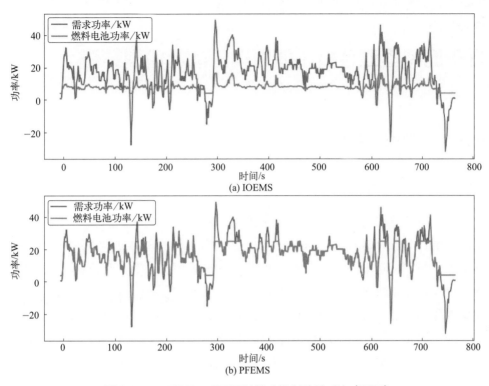

图 6.3　HWFET 工况下两种策略控制结果对比（彩图）

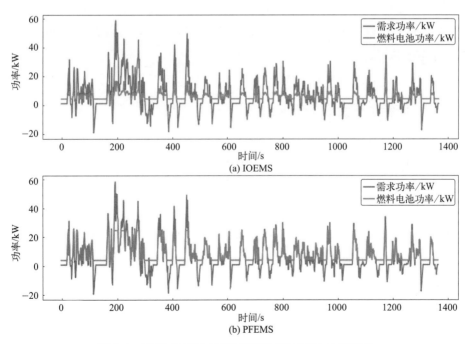

图 6.4　UDDS 工况下两种策略控制结果对比（彩图）

6.2
基于庞特里亚金极小值原理的能量管理策略

6.2.1 极小值原理综述

6.2.1.1 最优控制理论

现代控制理论的主要分支之一是最优控制理论，最优控制是一门工程背景很强的学科分支。最优控制理论解决研究实际问题的主要过程为：根据被控系统的数学模型，选取系统的性能指标并设计相关评价函数，在系统状态允许范围内设计系统控制规律，使被控系统的性能指标达到最优。1956 ~ 1960 年，苏联学者庞特里亚金发展了极小值原理，并完成了它的严格数学证明。1953 年及之后的 4 年间，变分学中的哈密顿 - 雅可比理论（Hamilton-Jacobi）在美国数学家贝尔曼的推导发展下，形成了现在的动态规划方法。极小值原理与动态规划方法是最优控制理论的两大基石，它们都可以解决容许控制属于闭集的最优控制问题。庞特里亚金极小值原理与动态规划方法相比多了一个状态变量，而且它需要的运算时间和存储空间均比动态规划方法少，所以它理论上可以用于实时控制策略中。

6.2.1.2 庞特里亚金极小值原理

庞特里亚金极小值原理（Pontryagin's Minimum Principle, PMP）是苏联学者庞特里亚金的研究成果，庞特里亚金受到经典变分法与力学中哈密顿原理的启发从而创立了这个极值原理。经典变分法只能解决没有约束或开集性约束这一类简单的最优控制问题，但是实际运用中，控制变量一般都是受闭集限制的，如本书中的控制变量：燃料电池的输出功率 P_{fc} 即是受闭集限制的，它不可能为无穷大。而庞特里亚金极值原理与变分法相比适用性更广泛，被称为"现代变分法"。

庞特里亚金极值原理将最优控制与控制域内所有可能的值进行比较，因而得出结论，在整个控制域内最优控制使哈密顿函数 H 成为极小值，这个性质使得庞特里亚金极值原理成为寻找最优控制的有力工具。与经典变分法相比，极小值原理容许条件放宽了，不要求哈密顿函数对控制的可微性等。庞特里亚金极值原理可以用来处理时间最优控制问题和燃料最优控制问题以及时间与燃料综合的最优控制问题。

6.2.1.3　最优控制问题的求解

在最优控制问题中，系统控制变量是时间或状态变量的函数，而性能指标是控制变量和状态变量的函数，即性能指标是函数的函数——泛函。最优控制问题实质上是求取某个泛函的条件极值问题。变分法是研究泛函极值问题的数学工具，故常用变分法来求解最优控制问题。

在求解燃料电池汽车能量管理策略时，给定工况下可以认为这是一个端点时间和状态都固定的问题。基于变分法，对于端点时间、状态固定情况下拉格朗日型最优控制问题的提法如下所述。其中，u 为控制变量；x 为状态变量；λ 为协态变量（Co-state）；t_0 为起始时间；t_f 为终止时间；$f(\ )$、$L(\ )$ 为函数。寻找容许控制 $u(t) \in U$，$t \in [t_0, t_f]$，使受控系统由给定的初始状态转移到终端状态。受控系统为

$$\dot{x} = f(x, u, t) \tag{6.11}$$

并使性能指标 J 取极小值。

$$J = \int_{t_0}^{t_f} L(x, u, t) \mathrm{d}t \tag{6.12}$$

引入待定乘子函数 $\lambda(t)$，并定义哈密顿函数。

$$H(x, u, \lambda, t) = L(x, u, t) + \lambda^\mathrm{T} f(x, u, t) \tag{6.13}$$

则有

$$J = \int_{t_0}^{t_f} [H(x, u, \lambda, t) - \lambda \dot{x}] \mathrm{d}t = \int_{t_0}^{t_f} [H(x, u, \lambda, t) + \dot{\lambda} x] \mathrm{d}t - \lambda x \Big|_{t_0}^{t_f} \tag{6.14}$$

由变分 δx、δu、$\delta \lambda$ 引起的 J 的变分为

$$\delta J = \delta x + \delta u + \delta \lambda = -\lambda \delta x \Big|_{t_0}^{t_f} + \int_{t_0}^{t_f} \left[\left(\frac{\partial H}{\partial x} + \dot{\lambda} \right) \delta x + \left(\frac{\partial H}{\partial \lambda} - \dot{x} \right) \delta \lambda + \frac{\partial H}{\partial u} \delta u \right] \mathrm{d}t \tag{6.15}$$

性能指标 J 取极小值的必要条件是对任意的 δx、δu、$\delta \lambda$ 有 $\delta J = 0$。故求解此类型最优控制问题归结于求解

$$\begin{cases} \dfrac{\partial H}{\partial x} + \dot{\lambda} = 0 \\[2mm] \dfrac{\partial H}{\partial \lambda} - \dot{x} = 0 \\[2mm] \dfrac{\partial H}{\partial u} = 0 \\[2mm] -\lambda \delta x \Big|_{t_0}^{t_f} = 0 \end{cases} \tag{6.16}$$

基于极小值原理求解最优控制问题与上述变分法的不同之处在于,极小值原理不要求 $\partial H / \partial u = 0$,取代的条件是其最优控制量 u^* 使得哈密顿函数 H 取极小值,见式(6.17)。

$$\begin{cases} \dfrac{\partial H}{\partial x} + \dot{\lambda} = 0 \\[2mm] \dfrac{\partial H}{\partial \lambda} - \dot{x} = 0 \\[2mm] \min_{u \in U} H(x^*, u, \lambda^*, t) = H(x^*, u^*, \lambda^*, t) \\[2mm] -\lambda \delta x \Big|_{t_0}^{t_f} = 0 \end{cases} \tag{6.17}$$

6.2.1.4 基于庞特里亚金极小值原理的全局能量管理策略

基于 PMP 求解全局能量管理策略,首先要建立动力系统模型。关于车辆总线、燃料电池及蓄电池的建模方程叙述如下。

关于车辆总线,电电混合燃料电池汽车动力系统需求功率表达式如下。

$$P_{fc} \eta_{DC/DC} + P_{bat} = P_{req} \tag{6.18}$$

式中,P_{fc} 为燃料电池输出功率;$\eta_{DC/DC}$ 为 DC/DC 转换器的效率;P_{bat} 为蓄电池输出功率;P_{req} 为车辆总线需求功率,其中包含了车辆电气附件所需功率。

关于蓄电池,蓄电池 SOC 对时间的微分方程如下。

$$\dot{SOC} = -\eta_c \dfrac{I_{bat}}{C_{bat}} \tag{6.19}$$

关于燃料电池,在计算过程中运用插值法得到燃料电池输出功率 P_{fc} 对应的氢耗量 $\dot{m}$。单位时间氢耗量单位为 g/s,燃料电池输出功率单位为 W。

基于极小值原理,分别取燃料电池的输出功率 P_{fc} 为控制变量,蓄电池 SOC

为状态变量，以燃料电池系统氢气消耗量为性能指标来求取燃料电池汽车能量管理策略。

系统的约束条件如下。

$$s.t. \begin{cases} P_{\text{fc,min}} \leqslant P_{\text{fc}} \leqslant P_{\text{fc,max}} \\ P_{\text{bat,min}} \leqslant P_{\text{bat}} \leqslant P_{\text{bat,max}} \\ \text{SOC}_{\text{min}} \leqslant \text{SOC} \leqslant \text{SOC}_{\text{max}} \end{cases} \tag{6.20}$$

为了评估系统的经济性以及确定状态变量 SOC 的最优曲线 SOC(t)，需要确定蓄电池的电量 SOC 的边界值。本书中采用功率型蓄电池，没有外接充电装备，故可取初态和终态的 SOC 相等，系统边界条件如下。

$$\text{SOC}(t_0) = \text{SOC}(t_{\text{f}}) \tag{6.21}$$

性能指标为燃料电池从初始到结束总的氢耗量，性能指标表达式如下。

$$\min J = \sum_{t_0}^{t_{\text{f}}} \{\dot{m}[P_{\text{fc}}(t)]\Delta t\} \tag{6.22}$$

根据极小值原理，依据性能指标构造哈密顿函数 H，形式如下。

$$H[P_{\text{fc}}(t), \text{SOC}(t), \lambda(t), t] = \dot{m}[P_{\text{fc}}(t)] - \lambda(t)\eta_{\text{c}} \frac{I_{\text{bat}}[P_{\text{fc}}(t), \text{SOC}(t), t]}{C_{\text{bat}}} \tag{6.23}$$

式（6.23）中的 λ 为系统的协态变量，它源于拉格朗日乘子与动态约束的结合。Kim 等认为在哈密顿函数中，协态变量可以视作 $\dot{\text{SOC}}$ 的权重系数，或者说哈密顿函数中第二项 $\lambda \times \dot{\text{SOC}}$ 相当于蓄电池等效燃料消耗，Kim 在研究基于极小值原理的混合动力汽车能量管理控制时将协态变量视为常数，即认为在一个循环工况中，协态变量随时间的变化可以忽略不计。在本书中，协态变量 λ 的计算如下所示。

$$\dot{\lambda} = -\frac{\partial H}{\partial \text{SOC}} = \frac{\lambda \eta_{\text{c}}}{C_{\text{bat}}} \left(\frac{\partial I_{\text{bat}}}{\partial U_{\text{oc}}} \times \frac{\partial U_{\text{oc}}}{\partial \text{SOC}} + \frac{\partial I_{\text{bat}}}{\partial R_{\text{bat}}} \times \frac{\partial R_{\text{bat}}}{\partial \text{SOC}} \right) \tag{6.24}$$

系统边界条件为初始 SOC 和结束 SOC 相等，当蓄电池荷电状态 SOC 在小范围内基本维持不变时（例如 SOC 在 0.5 ～ 0.7 这个小区间时），根据图 2.7，可认为蓄电池内阻 R 和开路电压 U_{oc} 随蓄电池 SOC 几乎不变，从而根据式（6.24）有

$$\dot{\lambda} = 0 \tag{6.25}$$

即 λ 为常量，初始协态变量等于结束协态变量。

$$\lambda(t_0) = \lambda(t) = \lambda(t_{\text{f}}) \tag{6.26}$$

根据庞特里亚金极小值原理，最优的 P_{fc} 由式（6.27）求得。

$$P_{fc}^* = \mathrm{argmin}H \qquad (6.27)$$

当行驶工况已知时，即 P_{req} 为已知量，哈密顿函数 H 或式（6.27）中只存在两个未知量，即 $\lambda(t)$ 和 P_{fc}。当协态变量 λ 的初值确定后，代入式（6.27）即可求得最优控制变量 P_{fc}^*。观察哈密顿函数的结构并通过计算，可以得出结论：协态变量与蓄电池 SOC 之间存在单调的关系，所以可以利用二分法寻找满足系统边界条件的协态变量初值，代入式（6.27），即可求得最优控制量，获得基于极小值原理的经济性全局最优能量管理策略。

6.2.2 综合考虑燃料经济性和电源系统耐久性的近似 PMP 策略

由于全局最优能量管理策略的求解必须预先知道行驶工况，通过对已知工况信息下的整车总线需求功率进行分析，结合动力系统性能指标及电源系统的功率输出特性，在已知全部行程信息的前提下提前计算出对应时间下的燃料电池功率。然而在实车运用时，即使借助 GPS 等定位设备收集路况信息并分析预测，也无法十分准确地预测行驶工况信息从而获得准确的功率分配。现阶段燃料电池汽车整车控制器中应用的多是例如功率跟随和恒温器能量管理策略（开关控制策略）等基于规则的能量管理策略，或者是根据提取全局最优控制策略控制规则而形成的控制策略，例如基于查表的瞬时优化策略和基于模糊控制、PID 控制的策略等。为了实现策略的实时化，需寻求求解近似最优能量管理策略的方法，以获得无须预知行驶工况的瞬时能量管理策略。

结合本书考虑燃料经济性及电源系统耐久性的研究目的，对所提策略制定如下要求。

① 车辆动力性满足指标，包括百公里加速时间＜ 14s，最大爬坡度大于 20%，最高车速≥ 160km/h；

② 较强的工况适应能力，在长时间怠速和超高速行驶等极端工况下均能维持蓄电池 SOC 在一定范围，无过充 / 过放现象；

③ 燃料经济性尽量好；

④ 燃料电池动态加载、启停循环尽量少，怠速 / 低载和高功率输出持续时间尽量短；

⑤ 蓄电池放电倍率尽可能小，停车期间蓄电池 SOC 在适合范围。

6.2.2.1 结合功率跟随策略控制思想的近似 PMP 策略

燃料电池汽车功率跟随能量管理策略，其基本控制思想为燃料电池输出功率跟随车辆总线需求功率变化，蓄电池起到"去峰填谷"的作用，且蓄电池 SOC 基本维持不变。下面设计基于功率跟随控制策略的控制思想，综合考虑整车经济性和电源系统耐久性并能维持蓄电池 SOC 在一定范围的能量管理策略，以下称"PMP 策略 1"。

（1）近似 PMP 策略的实现

近似 PMP 策略的实现关键在于协态变量的确定。在全局策略中，协态变量的确定取决于完整行程的工况信息，而在实时策略中，协态变量的确定取决于当前踏板反映的实时车速信息。

如式 (6.23)，哈密顿函数 H 分为两部分。第一部分为燃料电池消耗，第二部分相当于蓄电池消耗，协态变量 λ 可以视作蓄电池消耗的权重系数，随着"权重系数"变化，蓄电池的消耗会相应变化。SOC 与协态变量 λ 之间的关系是单调的。考虑利用这种单调的关系来调节车辆运行过程中蓄电池的 SOC 值，使其维持在 0.6 附近。有关文献表明，蓄电池静置时 SOC 越高，容量衰减越快，所以维持蓄电池 SOC 终值在 0.6 附近。蓄电池 SOC 维持在 0.6 附近，一方面使得电量维持在驾驶员心理安全水平之上，且车辆的正常运行及动力性不会因为电量过低受影响；另一方面不会因为电量过高而影响制动能量回收或导致容量以较快速度衰减，从而得到不依赖工况、可实时化的能量管理策略。

NEDC、UDDS、HWFET、US06、US06H、Constant 120km/h、Idling 0km/h 等工况为速度曲线截然不同的工况，其中 Idling 0km/h、NEDC 及 UDDS 工况属于低速（城市）工况，HWFET、US06、US06H 及 Constant 120km/h 工况属于高速（城郊）工况。在上述不同工况下，SOC 与协态变量 λ 之间的单调关系如图 6.5 中黑色曲线所示，其中 $\Delta SOC = SOC(t_f) - SOC(t_0)$，$SOC(t_0) = 0.6$。根据不同工况下 SOC 随协态变量的变化，获得协态变量的插值曲线如图 6.5 中五角星加粗灰色曲线所示。通过协态变量的插值，在蓄电池 SOC 较低时，取较小的协态变量值，以使蓄电池 SOC 在高速工况下依然上升，直到 SOC 上升到 0.6 附近。蓄电池 SOC 较高时，取较大的协态变量值，以使蓄电池 SOC 在低速工况下依然下降，直到 SOC 下降到 0.6 附近。

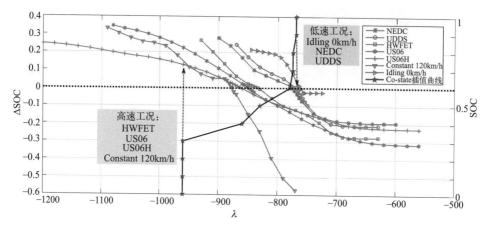

图 6.5　SOC 与协态变量 λ 之间的单调关系

通过上述插值曲线，根据蓄电池 SOC 对协态变量进行插值，可以达到控制 SOC 终值在一定范围的目的，其控制效果如图 6.6 所示。在城市工况 UDDS 工况下，蓄电池初始 SOC 在 0～1.0 区间时，车辆经过一段时间运行，蓄电池 SOC 均会维持在 67% 左右。在高速工况 US06 工况下，蓄电池初始 SOC 在 0～1.0 区间时，车辆经过一段时间运行后，蓄电池 SOC 均会维持在 50% 左右。在城市城郊高速混合工况 WLTC 下，蓄电池初始 SOC 在 0～1.0 区间时，车辆经过一段时间运行后，蓄电池 SOC 均会维持在 50% 左右。

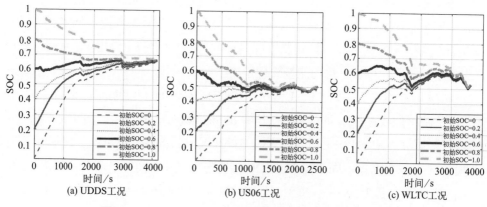

图 6.6　UDDS、US06、WLTC 工况下 SOC 变化曲线

（2）综合考虑经济性及燃料电池耐久性的性能指标函数

令系统的约束条件、边界条件均不变，在性能指标函数中加入燃料电池功率变化限制因子，如式（6.28）所示。其中 $|P_{fc}(t) - P_{fc}(t-1)|$ 为相邻步长燃料电池输出功率差异，p 为该新增项的权重。

$$\min J = \sum_{t_0}^{t_f} \{\dot{m}[P_{fc}(t)]\Delta t + p|P_{fc}(t) - P_{fc}(t-1)|\} \qquad (6.28)$$

通过计算，随着权重 p 增大，单位时间燃料电池输出功率变化率逐渐减小到一定程度，单位时间蓄电池输出功率变化率相应逐渐增加。权重 p 与电源功率变化率的关系如图 6.7 所示。该权重 p 的主要作用为不同程度地减小燃料电池运行时的动态加载，以增加燃料电池的寿命。

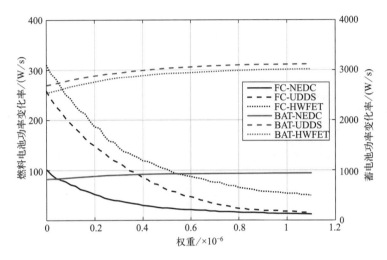

图 6.7 权重 p 与电源功率变化率的关系

HWFET 工况下不同权重对应的燃料电池输出功率如图 6.8 所示。由图可以看

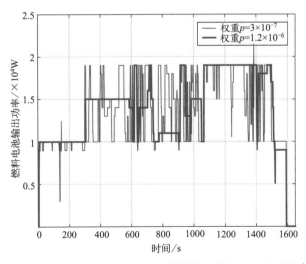

图 6.8 HWFET 工况下不同权重对应的燃料电池输出功率对比（彩图）

出，权重越大，对燃料电池输出功率波动的抑制作用越大，即燃料电池输出功率变化波动越缓越少。

基于"China_city 三天工况"和"HWFET 三天工况"，对不同权重 p 所带来的燃料电池动态加载减缓作用及蓄电池运行状态恶化影响进行仿真分析，以获得不同权重下的整车经济性及电源系统耐久性仿真数据，最终确定使得车辆经济性及电源系统耐久性综合最优的权重 p。在不同权重下，燃料电池衰减、蓄电池衰减如图 6.9、图 6.10 及表 6.5 所示。

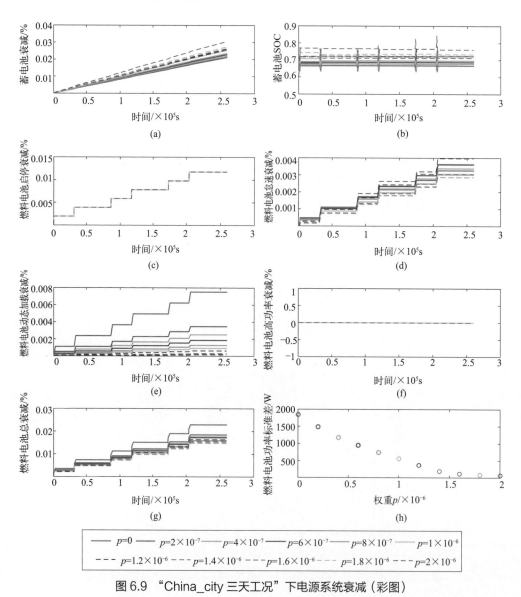

图 6.9 "China_city 三天工况"下电源系统衰减（彩图）

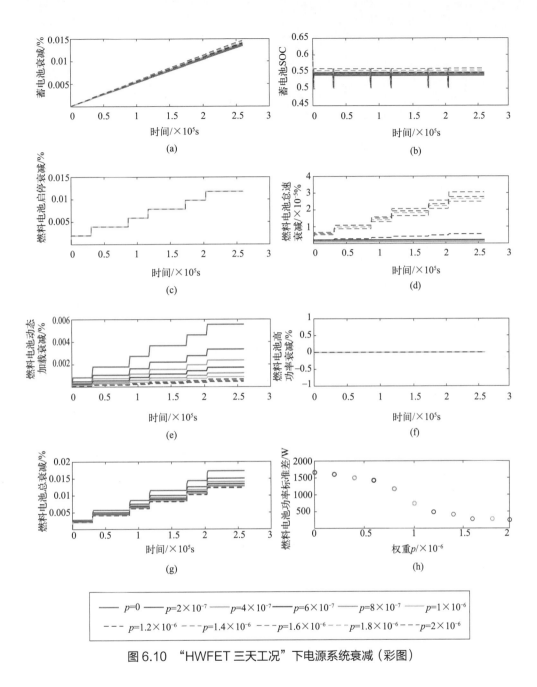

图 6.10 "HWFET 三天工况"下电源系统衰减（彩图）

由图 6.9（c）、（f）及图 6.10（c）、（f）的数据可以看出，在两种三天工况下，燃料电池启停衰减均为 0.01176%，即燃料电池在三天中启停次数为 6 次。燃料电池高功率衰减均为 0，即在两种三天工况下燃料电池均没有出现高功率输出的情况。

表 6.5　电源系统耐久性仿真数据

工况	权重 p	燃料电池怠速衰减/×10^{-3}%	燃料电池动态加载衰减/×10^{-3}%	燃料电池总衰减 D_{fc}/×10^{-3}%	燃料电池寿命/年	蓄电池衰减 D_{bat}/×10^{-3}%	蓄电池寿命/年
China_city三天工况（距离92.7km，时长259200s）	0	3.611	7.514	22.885	3.59	21.846	7.52
	2×10^{-7}	3.268	3.469	18.497	4.44	21.100	7.79
	4×10^{-7}	3.381	2.505	17.646	4.66	21.963	7.48
	6×10^{-7}	3.629	1.847	17.236	4.77	22.833	7.20
	8×10^{-7}	3.029	1.259	16.048	5.12	23.566	6.98
	1×10^{-6}	3.064	0.910	15.734	5.22	25.433	6.46
	1.2×10^{-6}	3.976	0.619	16.355	5.03	26.047	6.31
	1.4×10^{-6}	2.868	0.306	14.934	5.50	26.467	6.21
	1.6×10^{-6}	3.051	0.213	15.023	5.47	25.412	6.47
	1.8×10^{-6}	2.882	0.138	14.780	5.56	27.402	6.00
	2×10^{-6}	3.632	0.152	15.544	5.29	30.552	5.38
HWFET三天工况（距离198.1km，时长259200s）	0	0.001	5.550	17.311	4.75	13.432	12.24
	2×10^{-7}	0.001	3.348	15.109	5.44	13.501	12.18
	4×10^{-7}	0.002	2.367	14.129	5.82	13.620	12.07
	6×10^{-7}	0.002	1.730	13.492	6.09	13.729	11.97
	8×10^{-7}	0.001	1.227	12.988	6.33	13.837	11.88
	1×10^{-6}	0.001	0.904	12.665	6.49	14.023	11.72
	1.2×10^{-6}	0.006	0.689	12.454	6.60	13.978	11.76
	1.4×10^{-6}	0.025	0.652	12.437	6.61	13.824	11.89
	1.6×10^{-6}	0.030	0.552	12.342	6.66	14.648	11.22
	1.8×10^{-6}	0.027	0.478	12.265	6.70	14.383	11.43
	2×10^{-6}	0.028	0.464	12.252	6.71	14.089	11.67

在"China_city 三天工况"下，如图 6.9（a）所示，蓄电池衰减（%）随着权重 p 的递增而呈现不规律变化，具体数据见表 6.5，结合图 6.9（b）及表 6.6 的仿真结束 SOC 数据，这主要是因为不同权重下蓄电池静置时的 SOC 在 0.7 左右，但并不完全符合随权重递增而递增或递减的规律性。如图 6.9（g）所示，在该工况下不同权重对应的燃料电池总衰减（%）值的大小差异主要取决于燃料电池怠速/低载衰减及动态加载衰减，因为燃料电池启停衰减和高功率衰减均一致。随着权重 p 的逐渐增加，燃料电池动态加载衰减逐渐减小，但燃料电池怠速/低载衰减随权重 p 的递增而呈现不规律性。由于"China_city 三天工况"为城市工况，平均车速及平均总线需求功率比较低，所以怠速/低载衰减较严重，与动态加载衰减处于一个数量级，所以在"China_city 三天工况"下，燃料电池总衰减随着权重 p 的递增而有减缓的趋势，这是由于动态加载衰减是随着权重 p 递增而递减的，但燃料电池总衰减并不完全递减，这是由于权重 p 变化导致怠速/低载衰减的不规律性变化导致的。图 6.9（h）中不同权重对应的燃料电池输出功率标准差 P_{Std} 计算公式如下。

$$P_{\text{Std}} = \frac{\sum\limits_{i=1}^{N} \sqrt{\dfrac{\sum\limits_{50(i-1)+1}^{50i} [P_{\text{fc}} - \overline{P}_{\text{fc}}(i)]^2}{50}}}{N} \tag{6.29}$$

式中，P_{Std} 是燃料电池每 50 个步长输出功率标准差的平均值；N 为总仿真时间除以 50 步长对应的仿真时间取整。

表 6.6 不同权重 p 对应的整车经济性仿真数据

工况	权重 p	氢耗量 m/g	初始 SOC	结束 SOC	等效氢耗量 m_{e}/g	折合氢耗量 M/g	等效百公里氢耗 ρ /(kg/100km)
China_city 三天工况（距离 92.7km，时长 259200s）	0	1043.3348	0.6	0.677657326	60.2526	983.0822	1.0605
	2×10^{-7}	1036.2924	0.6	0.666750700	51.7498	984.5426	1.0621
	4×10^{-7}	1048.5025	0.6	0.676969759	59.6662	988.8363	1.0667
	6×10^{-7}	1059.5407	0.6	0.686595654	67.1428	992.3979	1.0705
	8×10^{-7}	1070.5109	0.6	0.695122506	73.8864	996.6245	1.0751
	1×10^{-6}	1090.1019	0.6	0.717135005	91.1852	998.9167	1.0776
	1.2×10^{-6}	1099.1718	0.6	0.724772762	97.1958	1001.9760	1.0809

工况	权重 p	氢耗量 m/g	初始SOC	结束 SOC	等效氢耗量 m_e/g	折合氢耗量 M/g	等效百公里氢耗 ρ /(kg/100km)
China_city 三天工况（距离92.7km，时长259200s）	1.4×10^{-6}	1106.4381	0.6	0.724245788	96.7560	1009.6821	1.0892
	1.6×10^{-6}	1097.1688	0.6	0.711406082	86.6406	1010.5282	1.0901
	1.8×10^{-6}	1112.0429	0.6	0.732930342	103.6462	1008.3967	1.0878
	2×10^{-6}	1136.2687	0.6	0.761399291	126.0760	1010.1927	1.0897
HWFET 三天工况（距离198.1km，时长259200s)	0	2320.8864	0.6	0.538626670	47.0586	2367.9450	1.1953
	2×10^{-7}	2322.9294	0.6	0.539835418	46.0324	2368.9618	1.1958
	4×10^{-7}	2327.1106	0.6	0.541643780	44.7130	2371.8236	1.1973
	6×10^{-7}	2331.0385	0.6	0.543295164	43.3936	2374.4321	1.1986
	8×10^{-7}	2333.8268	0.6	0.545081611	42.0742	2375.9010	1.1993
	1×10^{-6}	2339.0557	0.6	0.548498691	39.4354	2378.4911	1.2007
	1.2×10^{-6}	2340.6001	0.6	0.546955411	40.6082	2381.2083	1.2020
	1.4×10^{-6}	2340.0478	0.6	0.543033937	43.6868	2383.7346	1.2033
	1.6×10^{-6}	2352.1736	0.6	0.560067138	30.6394	2382.8130	1.2028
	1.8×10^{-6}	2347.8152	0.6	0.553719871	35.4772	2383.2924	1.2031
	2×10^{-6}	2343.0886	0.6	0.547711443	40.1684	2383.2570	1.2031

　　标准差能反映数据个体之间的离散程度，而每50个燃料电池输出功率的标准差的大小反映了该50个功率输出点相对于其平均值的离散程度，即燃料电池输出功率波动幅度。如图6.9（h）所示，随着权重递增 Std 递减，即燃料电池输出功率波动减小。

　　在"HWFET 三天工况"下，如图6.10（a）所示，蓄电池衰减（%）随着权重 p 的逐渐增加而后基本稳定，因为在该工况下，仿真过程中权重的不同导致蓄电池 SOC 的差异与在"China_city 三天工况"下相比较小，所以这种情况下，蓄电池衰减的差异主要体现在其电流变化即充放电倍率上。随着权重增加，燃料电池动态加载逐渐减缓，蓄电池的电流变化必然逐渐增加，即导致蓄电池衰减逐渐增加，直到燃料电池动态加载衰减减缓到一定程度，此时蓄电池衰减的差异主要取决于蓄电池 SOC 的状态。而如图6.10（g）所示，燃料电池总衰减（%）随权重变化的变化主要取决于燃料电池动态加载衰减。因为 HWFET 工况为高速工况，平均车速及平均总线需求功率比较高，故其燃料电池怠速衰减很低，比动态加载小了两个数量级，且不同权重下燃料电池启停和高功率输出衰减均一致。所以随着权重递增，燃料电池动态加载衰减递减，燃料电池总衰减递减。如图 6.10（h）所示，反映燃料电池功率波动的燃料电池功率标准差随着权重递增而递减。

不同权重 p 对应的整车经济性仿真数据如表 6.6 所示。表 6.6 中，氢耗量 m 为仿真时车辆氢气消耗量；而等效氢耗量 m_e 为使蓄电池由仿真结束 SOC 充电（或放电）至等于仿真初始 SOC 时的氢耗量；折合氢耗量 M 为氢耗量加上（或减去）等效氢耗量。

关于整车经济性，结合表 6.6 的数据可以看出，在两种三天工况下，随着权重 p 的递增，折合氢耗量也递增。这是因为权重 p 的增加，导致计算结果偏离考虑经济性的最优控制越远，即氢耗量增加。

上述仿真结果中包含了燃料电池衰减、蓄电池衰减及折合氢耗量等信息，为了确定使得车辆燃料经济性及电源系统耐久性综合最优的控制参数——权重 p，需要设计能综合反映及评估车辆经济性和电源系统耐久性的评价函数。对于纯电动或混合动力乘用车，目前整车厂对于蓄电池一般会给出 8 年 /12 万千米或者 8 年 /15 万千米的质保承诺。而乘用车达到最优的几年 / 几万千米这样的指标，等同于寻求混合能量源耐久性最优的解。基于上述考虑氢耗量对应的经济性，在评价函数中将车辆电源系统耐久性折合成日均衰减比电源允许衰减量对应的日均成本。综合上述仿真结果，取燃料电池总衰减 D_{fc}、蓄电池衰减 D_{bat} 及折合氢耗量 M 作为评价函数的输入，来确定最适合的权重 p。

评价函数具体形式如下所示。

$$\text{Cost} = \frac{\dfrac{D_{fc}}{10} C_{fc} P_{fcmax} + \dfrac{D_{bat}}{20} C_{bat} C_{batmax} + \dfrac{M}{1000} C_{H_2}}{x} \tag{6.30}$$

式中，Cost 为燃料电池汽车每日平均运行费用，元，Cost 暂未考虑附件系统及其他部件的消耗，例如增湿水的消耗等；C_{fc} 为燃料电池成本，元；C_{bat} 为三元锂离子电池成本，元；C_{H_2} 为氢气成本，元 /kg；x 为工况时长，天。

结合本书动力系统配置，燃料电池功率最大功率 P_{fcmax} 为 82kW，蓄电池电量 C_{batmax} 为 13kW·h；"10"表示燃料电池性能衰减临界值 10%；"20"表示蓄电池性能衰减临界值 20%。

评价函数由三部分构成，输出为每日平均运行费用。第一部分为燃料电池衰减日平均费用，根据文献及美国 DOE 对燃料电池成本的调查及预测，样品燃料电池的成本为 1826 美元 /kW，量产燃料电池的成本为 100 美元 /kW，燃料电池成本目标为 50 美元 /kW，故在本书中取燃料电池成本 C_{fe} 为 50 ~ 100 美元 /kW。评价函数的第二部分为蓄电池衰减日平均费用，根据文献及 DOE 的数据，目前车用锂离子电池成本为 250 ~ 500 美元 /（kW·h）不等，未来几年通过使用高功率及高容量的厚电极，蓄电池成本有望降低 30% 左右，故三元锂离子电池的成本取 175 ~ 500 美元 /（kW·h）。评价函数的第三部分为日常氢耗量成本，根据美国 DOE 的数据，目前氢气的制备成本约为 4.4 美元 /kg，而制氢成本目标约为 2 美元 /kg，故取 C_{H_2} 为 2 ~ 4.4 美元 /kg。根据评价函数，得出不同权重下燃料电池汽车日平均运行费用如图 6.11 及表 6.7 所示。

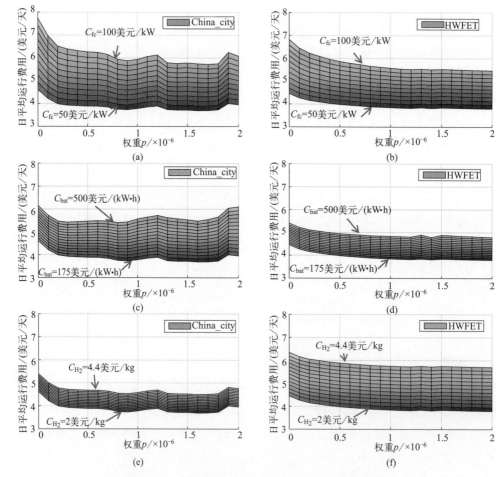

图 6.11　不同权重下燃料电池汽车日平均运行费用

表 6.7　图 6.11 中仿真数据明细

项目	$C_{fc}/$（美元 /kW）	$C_{bat}/$[美元 /（kW·h）]	$C_{H_2}/$（美元 /kg）
图 6.11（a）、（b）	50：5：100	175	2
图 6.11（c）、（d）	50	175：25：500	2
图 6.11（e）、（f）	50	175	2：0.2：4.4

由图 6.11 可以看出，随着权重的递增，在"HWFET 三天工况"下日平均运行费用趋势是递减。在"China_city 三天工况"下，由于怠速控制的不规律性，日平均运行费用在递减的趋势中会有突然增加的现象。如图 6.11（a）、（b）所示，燃料电池成本对两种工况下日平均运行费用的大小均有很大影响，说明燃料电池衰减在两种工况下均占比不小，但燃料电池成本的大小对日平均运行费用的走向影响不大，权重的递增有效地减小了燃料电池衰减。如图 6.11（c）所示，在"China_city 三天工况"下蓄电池成本对日平均运行费用影响巨大。当蓄电池成本较高时，随着权重递增，日平均运行费用先减小后增大，先减小是因为燃料电池动态加载衰减快速减缓，后增大是因为在燃料电池动态加载衰减减缓到一定程度时蓄电池衰减的增加被突出。如图 6.11（d）所示，在"HWFET 三天工况"下蓄电池成本对日平均运行费用影响较小，说明在该工况下，燃料电池的衰减占主导地位。如图 6.11（e）、（f）所示，制氢成本对两种工况下日平均运行费用的趋势均无较大影响，但在"HWFET 三天工况"下制氢成本对日平均运行费用的大小影响较大，说明在"HWFET 三天工况"下，电源系统衰减造成的成本占比相对没那么大。

综合在两工况下由评价函数求得的日平均消耗费用，在结合功率跟随控制思想的近似 PMP 策略 1 中取权重 $p=1.6×10^{-6}$。

（3）能量管理策略仿真模型

PMP 策略 1 的仿真模型如图 6.12 所示。能量管理策略计算能量分配的主体部分基于极小值原理，在 Simulink 框图中用 m 文件编写函数实现。

除了主体计算部分，在整车能量管理策略中添加了其他约束部分。例如蓄电池充电保护模块（Battery Charge Protection），主要是为了防止蓄电池持续以大倍率电流充电。蓄电池充电参数如 2.3.2 节所述，持续充电功率为 19.25kW，峰值充电功率为 80kW，可持续 10s。所以该蓄电池充电保护模块建模思想是：当蓄电池充电功率大于 19kW 的持续时间超过 10s 时，即 $P_{fc}\eta_{DC/DC}-P_{req}>19$kW 持续时间超过 10s 时，将 $P_{fc}\eta_{DC/DC}-P_{req}$ 限制为 19kW，减小过充电对蓄电池容量的不利影响。

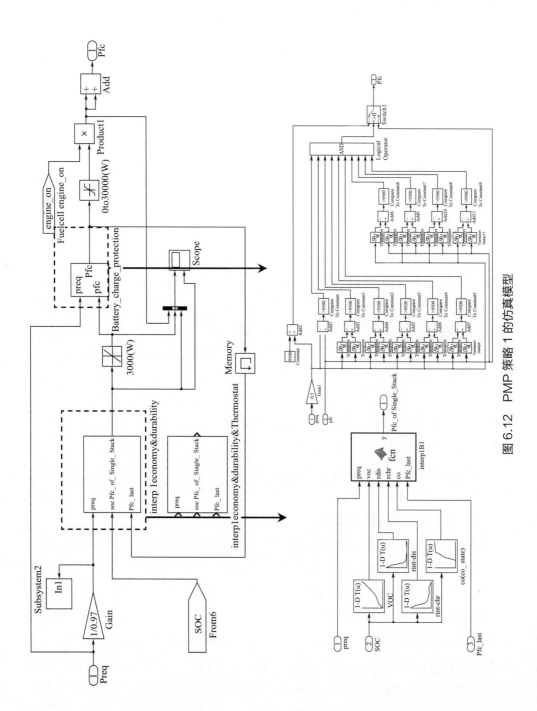

图 6.12 PMP 策略 1 的仿真模型

6.2.2.2 结合恒温器策略控制思想的近似 PMP 策略

燃料电池汽车恒温器能量管理策略，主要根据蓄电池 SOC 来控制燃料电池的启停及输出功率。下面基于恒温器控制策略的控制思想设计，综合考虑整车经济性和电源系统耐久性，并能根据蓄电池 SOC 控制燃料电池启停及输出功率的能量管理策略，以下称"PMP 策略 2"。

（1）近似 PMP 策略的实现

结合功率跟随策略控制思想的 PMP 策略 1 的仿真结果显示，在"China_city 三天工况"这种城市工况下，车辆总线需求功率偏低，燃料电池可能较长时间处于怠速、低载的运行状态。为了改善车辆在城市工况（中低速工况）下燃料电池的怠速、低载运行状态，可以尝试使用近似最优控制和恒温器控制（开关控制）相结合的方法。本书中蓄电池电量有 13kW·h，这个电量水平完全可以与插电式混合动力系统中的蓄电池媲美，故考虑结合恒温器策略控制思想的近似 PMP 策略是可行的。

基于恒温器控制策略的控制思想，下面设计综合考虑整车经济性和电源系统耐久性并能根据蓄电池 SOC 控制燃料电池启停及输出功率的能量管理策略——PMP 策略 2。

恒温器控制策略控制下燃料电池工作时，应有剩余功率给蓄电池充电，以使蓄电池电量持续上升直至 SOC 达到设定上限。SOC 与协态变量 λ 之间的单调关系如图 6.5 所示。根据图 6.5，当协态变量取 $\lambda = -890$ 时，在各种正常行车工况下蓄电池 SOC 均会上升 $[\Delta SOC = SOC(t_f) - SOC(t_0) > 0]$，而在中低速的城市工况中 $\lambda = -890$，使得解集相对于最优解的偏移量相对较小，故取协态变量 $\lambda = -890$。结合恒温器控制，取蓄电池 SOC 上限为 0.9，下限为 0.3，PMP 策略 2 的仿真模型如图 6.13 所示。

（2）综合考虑经济性及燃料电池耐久性的性能指标函数

令系统的约束条件、边界条件均不变，在性能指标函数中加入燃料电池功率变化限制因子，如式（6.28）所示。

权重 p 依然依据如式（6.30）所示的评价函数计算结果——每日平均运行费用来定。在两种"三天工况"下，对不同权重 p 所带来的燃料电池动态加载减缓作用及蓄电池运行状态恶化影响进行仿真分析，得到在不同权重下，燃料电池衰减、蓄电池衰减，如图 6.14、图 6.15 所示。

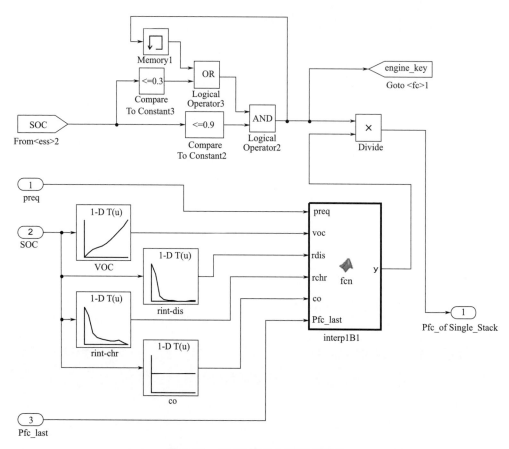

图 6.13　PMP 策略 2 的仿真模型

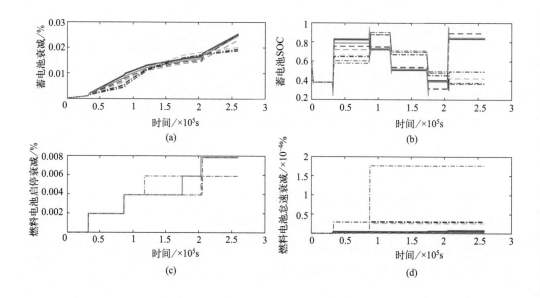

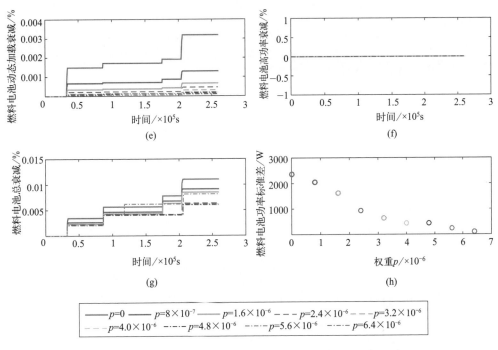

图 6.14 "China_city 三天工况"下电源系统衰减（彩图）

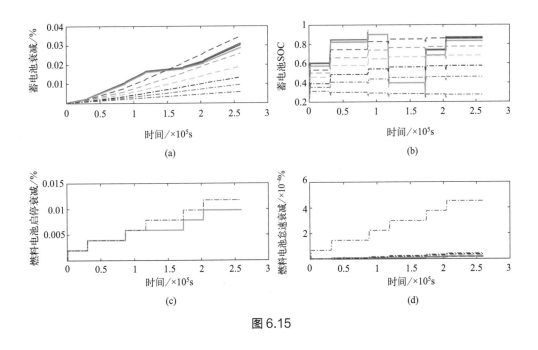

图 6.15

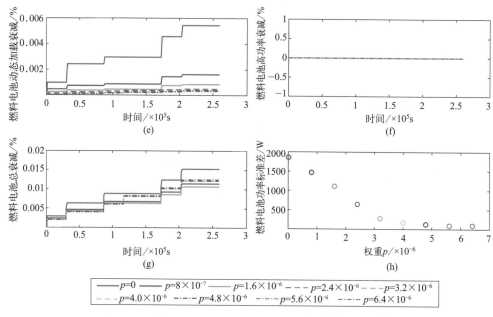

图 6.15 "HWFET 三天工况"下电源系统衰减（彩图）

如图 6.14（a）及图 6.15（a），蓄电池的衰减主要取决于日历老化衰减，即停车时间段中的蓄电池维持的 SOC 水平，在一定范围内蓄电池 SOC 越高，衰减越严重。而蓄电池温度在本书的仿真中作为一个控制因素，初始仿真温度及停车温度均为 20℃。如图 6.14（f）及图 6.15（f），在两种三天工况下燃料电池高功率输出衰减均为 0。如图 6.14（d）及图 6.15（d），在两种工况下的燃料电池怠速 / 低载衰减与燃料电池总衰减相比小了两个数量级，对总衰减大小的影响微乎其微，由图 6.14 及图 6.15 也可以看出燃料电池总衰减主要取决于动态加载衰减和启停衰减。

在"China_city 三天工况"下，随着权重 p 递增，燃料电池动态加载衰减先骤减，然后慢慢趋于某一较小值。三天中燃料电池启停次数为 3 次或 4 次，与近似 PMP 策略 1 相比启停次数减少了。结合图 6.16 中的每日平均运行费用数据，在该工况下，随着权重的递增，每日平均运行费用有递减的趋势。

在"HWFET 三天工况"下，随着权重 p 递增，燃料电池动态加载衰减也是先骤减，再慢慢趋于某一较小值。随权重递增，三天中燃料电池启停次数由 5 次变为 6 次。观察图 6.15（b）中的蓄电池 SOC 数据，可以发现随着权重 p 递增至一定值之后，蓄电池的 SOC 充电速率减缓，每次运行后充电电量有限，到 $p=5.6\times10^{-6}$ 及数值更大时，过大的权重 p 使得蓄电池 SOC 有下降的趋势，故为了使蓄电池

SOC 维持在驾驶员心理安全水平，权重不应过大。结合图 6.16 中的每日平均运行费用数据，在该工况下，随着权重 p 的递增，每日平均运行费用有递减的趋势，权重增至 $2.4×10^{-6}$ 左右时每日平均运行费用增加是由于在那之后燃料电池启停次数增加了一次，使得启停导致的燃料电池衰减突增，由此可见燃料电池一次启停循环产生的衰减也不可忽视。而随着蓄电池 SOC 维持水平越来越低，蓄电池日历衰减逐渐减小，故在权重大于 $2.4×10^{-6}$ 后每日平均运行费用持续走低。

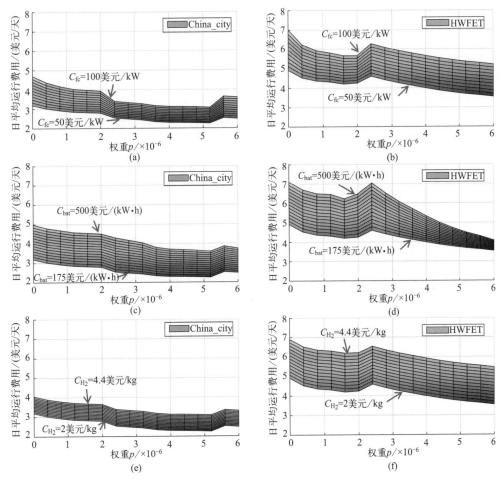

图 6.16　不同权重下燃料电池汽车日平均运行费用（彩图）

综合在两种三天工况下的每日平均运行费用数据，以及考虑蓄电池 SOC 应该维持在驾驶员心理安全水平以上，最终取 PMP 策略 2 中的权重 $p = 5.2×10^{-6}$。

6.2.3 仿真结果对比分析

6.2.3.1 与功率跟随策略仿真结果对比及分析

本书制定了两种用作对比功率跟随能量管理策略：第一种功率跟随策略为基础功率跟随策略（以下称"基础功率跟随"），即在燃料电池功率输出能力范围内取 $P_{fc} = P_{req}$，功率不足或过剩时由蓄电池放电或充电补充；第二种为改进功率跟随策略（以下称"改进功率跟随"），改进功率跟随策略基于移动平均滤波原理，它是一种低通滤波器，能将需求功率中低频率且大于 0 的部分由燃料电池输出，不足部分由蓄电池补充。

$$P_{fc} = \frac{P_{req}(t) + P_{req}(t - \Delta t) + \cdots + P_{req}(t - 19\Delta t)}{20} \tag{6.31}$$

除了两种三天的工作日工况外，本书还设计了两种具有代表性的周末工况，如 2.5.2 节所述。为了验证所制定策略在行驶距离较大、行驶时间较长的周末工况中同样具有在燃料经济性及电源系统耐久性方面的优越性，对不同周末工况下不同策略进行了仿真。结合功率跟随控制思想的近似 PMP 策略（PMP 策略 1）与功率跟随能量管理策略（PMP 策略 2）的仿真对比结果，如表 6.8 所示。

表 6.8　结合功率跟随控制思想的近似 PMP 策略与功率跟随策略仿真结果对比

工况	策略	燃料电池衰减 /×10⁻³%					蓄电池衰减 /×10⁻³%	等效百公里氢耗 ρ /(kg/100km)	每日平均运行费用① /（美元/天）
		启停	怠速低载	动态加载	高功率	总和			
China_city 三天工况	基础功率跟随	11.760	3.992	14.819	0	30.572	17.227	1.0657	11.298
	改进功率跟随	11.760	3.8658	3.5851	0	19.211	17.135	1.0889	8.2165
	PMP 策略 1	11.760	3.0506	0.2127	0	15.023	25.413	1.0901	7.7909
	与基础功率跟随对比	→	↓23.6%	↓98.6%	→	↓50.9%	↑47.5%	↑2.3%	↓31.0%
	与改进功率跟随对比	→	↓21.1%	↓94.1%	→	↓21.8%	↑48.3%	↑0.1%	↓5.2%

| 工况 | 策略 | 燃料电池衰减 /×10⁻³% | | | | | 蓄电池衰减 /×10⁻³% | 等效百公里氢耗 ρ /(kg/100km) | 每日平均运行费用① / (美元/天) |
		启停	怠速低载	动态加载	高功率	总和			
HWFET 三天工况	基础功率跟随	11.760	0.882	15.019	0	27.661	16.537	1.2025	12.488
	改进功率跟随	11.760	0.6136	3.214	0	15.588	17.119	1.2152	9.2749
	PMP 策略 1	11.760	0.0305	0.552	0	12.342	14.648	1.2028	8.1378
	与基础功率跟随对比	→	↓96.5%	↓96.3%	→	↓55.4%	↓11.4%	↑0.02%	↓34.8%
	与改进功率跟随对比	→	↓95.0%	↓82.8%	→	↓20.8%	↓14.4%	↓1.0%	↓12.3%
日行 150km 周末工况	基础功率跟随	3.920	1.511	15.614	0.140	21.184	6.421	1.5262	29.335
	改进功率跟随	3.920	1.403	4.744	0.115	10.182	7.029	1.5458	20.604
	PMP 策略 1	3.920	0.028	1.773	0.001	5.722	7.912	1.5147	16.966
	与基础功率跟随对比	→	↓98.1%	↓88.6%	↓99.4%	↓73.0%	↑23.2%	↓0.8%	↓42.2%
	与改进功率跟随对比	→	↓98.0%	↓62.6%	↓99.1%	↓43.8%	↑12.6%	↓2.0%	↓17.7%
日行 450km 周末工况	基础功率跟随	5.880	1.709	39.392	0.187	47.168	7.377	1.3998	67.986
	改进功率跟随	5.880	1.264	10.102	0.167	17.413	8.902	1.4107	44.196
	PMP 策略 1	5.880	0.033	4.247	0.000	10.160	8.565	1.3925	37.804
	与基础功率跟随对比	→	↓98.1%	↓89.2%	↓100.0%	↓78.5%	↑16.1%	↓0.5%	↓44.4%
	与改进功率跟随对比	→	↓97.4%	↓58.0%	↓100.0%	↓41.7%	↓3.8%	↓1.3%	↓14.5%

① C_{fc}=100 美元 /kW；C_{bat}=400 美元 /（kW·h）；C_{H_2}=4.4 美元 /kg。

在两种三天的工作日工况下，PMP 策略 1 在燃料电池怠速低载衰减及动态加载衰减、每日平均运行费用方面表现均更优异。在两种周末工况下，结合功率跟随思想的 PMP 策略 1，在燃料电池怠速低载、动态加载、高功率输出衰减及氢耗量消耗等方面相对于基础功率跟随策略均有一定改善，虽然在蓄电池衰减方面相对于基础功率跟随不够优异，但在综合评价指标——每日平均运行费用方面依然远远优于基础功率跟随策略。

结合 PMP 策略 1 的性能指标函数，如式（6.28）所示，由该函数得出基于极小值原理的哈密顿函数，如式（6.32）所示。策略计算的核心是求解使哈密顿函数取极小值的燃料电池输出功率，哈密顿函数取极小值时，其中包含的氢耗量、燃料电池动态加载、蓄电池消耗（电流）则综合最优（极小）。PMP 策略 1 综合考虑了决定整车经济性的氢耗量、燃料电池动态加载、蓄电池电流（充放电倍率）等，还考虑了蓄电池 SOC 的维持及其充电保护，仿真结果也表明，PMP 策略 1 总体优于基于规则控制的普通功率跟随策略。

$$H = \dot{m}[P_{fc}(t)] + p\left|P_{fc}(t) - P_{fc}(t-1)\right| - \lambda(t)\eta_c \frac{I_{bat}[P_{fc}(t), \; SOC(t), t]}{C_{bat}} \tag{6.32}$$

6.2.3.2　与恒温器策略仿真结果对比及分析

取普通恒温器控制策略的控制参数分别为：燃料电池持续输出功率 40kW；蓄电池 SOC 上下限分别为 0.9 和 0.3，上述与 PMP 策略 2 一致。结合恒温器控制思想的近似 PMP 策略 2 与恒温器策略的仿真结果对比如表 6.9 所示。

表 6.9　结合恒温器控制思想的近似 PMP 策略 2 与恒温器策略的仿真结果对比

| 工况 | 策略 | 燃料电池衰减 /×10⁻³% | | | | | 蓄电池衰减/×10⁻³% | 氢耗量/g | 每日平均运行费用[①]/（美元/天） |
		启停	急速低载	动态加载	高功率	总和			
China_city 三天工况	恒温器	5.880	0.008	2.839	0	8.727	26.175	1.1849	6.265
	PMP 策略 2	5.880	0.002	0.133	0	6.014	19.159	1.1356	**4.848**
	对比	→	↓79.2%	↓95.3%	→	↓31.1%	↓26.8%	↓4.2%	↓22.6%
HWFET 三天工况	恒温器	11.760	0.020	3.444	0	15.223	26.315	1.3069	10.239
	PMP 策略 2	11.760	0.038	0.353	0	12.151	11.279	1.2113	**7.818**
	对比	→	↑96.5%	↓89.7%	→	↓20.2%	↓57.1%	↓7.3%	↓23.6%
日行 150km 周末工况	恒温器	3.920	0.033	2.607	0	6.560	15.675	1.6026	20.265
	PMP 策略 2	5.880	0.026	0.677	0.031	6.614	10.642	1.5797	**18.846**
	对比	↑50.0%	↓21.3%	↓74.0%	↑100.0%	↑0.8%	↓32.1%	↓1.4%	↓7.0%

工况	策略	燃料电池衰减 /×10⁻³%					蓄电池衰减 /×10⁻³%	氢耗量 /g	每日平均运行费用① /(美元/天)
		启停	怠速低载	动态加载	高功率	总和			
日行 450km 周末工况	恒温器	13.720	0.057	7.194	0	20.971	23.457	1.4865	52.380
	PMP 策略 2	5.880	0.155	1.292	0.020	7.348	13.312	1.4309	**37.484**
	对比	↓57.1%	↑174.1%	↓82.0%	↑100.0%	↓65.0%	↓43.3%	↓3.7%	↓28.4%

①其中 C_{fc}=100 美元 /kW；C_{bat}=400 美元 /(kW·h)；C_{H_2}=4.4 美元 /kg。

在两种三天工作日工况下，PMP 策略 2 与普通恒温器策略相比使得燃料电池动态加载衰减及蓄电池衰减显著减小，并且对整车氢耗量没有产生很大的影响。在日行 150km 周末工况下，结合恒温器思想的 PMP 策略 2 在燃料电池启停控制及高功率输出控制方面相对于恒温器策略稍逊，导致燃料电池总衰减优化见效不明显，但在其他各方面相对于恒温器策略均更优异。在日行 450km 周末工况下，结合恒温器思想的 PMP 策略 2 在怠速低载及高功率输出控制方面稍有不足，但其对总体结果影响不大，PMP 策略 2 在该工况远优于恒温器策略。

PMP 策略 2 在电源系统耐久性及整车经济性方面均优于普通恒温器控制策略，综合的每日平均运行费用也印证了这一点。

6.2.3.3 PMP 策略 1 与 PMP 策略 2 仿真结果对比

如表 6.10 所示，对比近似 PMP 策略 1 和近似 PMP 策略 2 在两种工作日日常行驶工况下的仿真结果，在 "China_city 三天工况" 下，结合恒温器控制思想的 PMP 策略 2 有效地减小了燃料电池启停衰减和怠速/低载衰减。对比燃料电池启停衰减结果，PMP 策略 2 有效地减少了燃料电池启停次数，在蓄电池电量足够，车辆行程不长的情况下，由于在该工况下总线所需平均功率较低，使得燃料电池可能在整个行程中都不启动，有效避免了频繁启停对燃料电池带来的伤害。在 "HWFET 三天工况" 下，PMP 策略 1 和 PMP 策略 2 在经济性、电源系统耐久性等各方面均没有特别大的差异。PMP 策略 2 相对于 PMP 策略 1 来说，在燃料电池怠速/低载衰减及经济性方面有所下降，但是较低的平均 SOC 维持水平使得蓄电池衰减减缓，抵消了其他方面性能下降带来的影响，使得 PMP 策略 2 在每日平均费用上略优于 PMP 策略 1。在两种周末工况下，对比 PMP 策略 1 及 PMP 策略

2 可以发现，PMP 策略 2 在减少启停次数方面的优越性仅体现在短距离缓和的城市工况中，在这种长距离剧烈的周末工况中其减少燃料电池启停频率的优越性不明显。两种 PMP 策略的每日平均运行费用没有很大差异。

表 6.10　近似 PMP 策略 1 与近似 PMP 策略 2 仿真结果对比

工况	策略	燃料电池衰减 /×10⁻³%					蓄电池衰减 /×10⁻³%	氢耗量 /g	每日平均运行费用① /(美元/天)
		启停	怠速低载	动态加载	高功率	总和			
China_city 三天工况	PMP 策略 1	11.760	3.051	0.213	0	15.023	25.412	1.0901	7.791
	PMP 策略 2	5.880	0.002	0.133	0	6.014	19.159	1.1356	4.848
	对比	↓50.0%	↓99.9%	↓37.7%	→	↓60.0%	↓24.6%	↑4.2%	↓37.8%
HWFET 三天工况	PMP 策略 1	11.760	0.030	0.552	0	12.342	14.648	1.2028	8.138
	PMP 策略 2	11.760	0.038	0.353	0	12.151	11.279	1.2113	7.818
	对比	→	↑25.3%	↓36.0%		↓1.6%	↓23.0%	↑0.7%	↓3.9%
日行 150km 周末工况	PMP 策略 1	3.920	0.028	1.773	0.001	5.722	7.912	1.5147	16.966
	PMP 策略 2	5.880	0.026	0.677	0.031	6.614	10.642	1.5797	18.846
	对比	↑50.0%	↓7.1%	↓61.8%	↑100%	↑15.6%	↑34.5%	↑4.3%	↑11.1%
日行 450km 周末工况	PMP 策略 1	5.880	0.033	4.247	0	10.160	8.565	1.3925	37.804
	PMP 策略 2	5.880	0.155	1.292	0.020	7.348	13.312	1.4309	37.484
	对比	→	↑100%	↓69.6%	↑100%	↓27.7%	↑55.4%	↑2.8%	↓0.8%

①其中 C_{fc}=100 美元 /kW；C_{bat}=400 美元 /（kW·h）；C_{H_2}=4.4 美元 /kg。

6.2.3.4　与其他能量管理策略仿真结果对比及分析

为更全面地对比评估本书制定的基于近似 PMP 的能量管理策略，本节使用的对比策略为基于小波变换及模糊逻辑控制的经过优化的考虑燃料电池寿命的能量管理策略。该能量管理策略主要控制思想为采用 db4 基波对总线需求功率进行 5 层变换，使信号变得平缓，将需求功率中大于零的低频主成分让燃料电池输出；并利用模糊控制、低输出功率限制及恒温器控制等方法减少燃料电池启停次数、低功率输出衰减以及维持蓄电池的 SOC。

小波变换能量管理控制策略的 Simulink 模型如图 6.17 所示，包含基准功率模块、调整功率模块、低 SOC 保护模块、高 SOC 保护模块和功率限制模块（A～E）等。

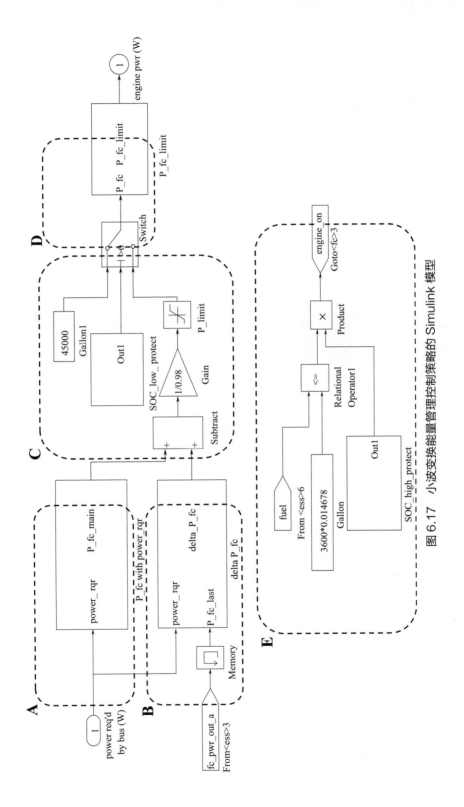

图 6.17 小波变换能量管理控制策略的 Simulink 模型

将 PMP 策略 1 及 PMP 策略 2 的仿真结果与小波变换策略仿真结果相比，PMP 策略性能提升比例如图 6.18 及图 6.19 所示。由图 6.18 可知，PMP 策略 1 各方面均优于小波变换策略，不过在"China_city 三天工况"下，其蓄电池衰减及百公里氢耗量与小波变换策略相比稍显不足。如图 6.19 所示，PMP 策略 2 虽然在 China_city 这种短距离平缓工况下有减少燃料电池启停次数的作用，但在周末工况这种长距离工况下，可能会增加燃料电池启/停次数。在两种周末工况下，PMP 策略 2 的蓄电池衰减均比小波变换策略更严重，这主要是因为停车期间蓄电池 SOC 较高。由于 PMP 策略 2 偏离经济性最优解较远，在各工况下其经济性均稍逊于小波策略。但看综合性能指标——每日平均运行费用，PMP 策略 1 及 PMP 策略 2 均优于小波变换策略。

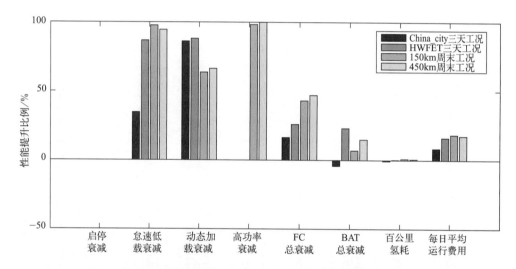

图 6.18　PMP 策略 1 与小波变换策略的仿真结果对比

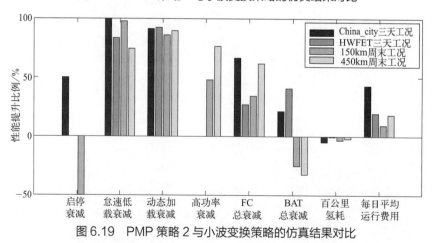

图 6.19　PMP 策略 2 与小波变换策略的仿真结果对比

6.3
基于退化自适应的能量管理策略

6.3.1 燃料电池退化后性能模型

6.3.1.1 燃料电池的极化曲线

极化曲线是电堆重要的输出特性，反映了电流或者电流密度与电压之间的关系。燃料电池单体的理论电势为 1.229V，但是在实际应用中，由于燃料电池内部的损耗，单体的电压通常低于 1V。

燃料电池在使用过程中会有一些不可避免的电压损耗，这些电压损耗是由多种因素引起的，如电化学反应所需动力、内部的阻抗、反应物的扩散、内部电流和反应物渗透等因素。

极化曲线可以有效表示燃料电池运行时不同工作点的电压损耗，同时可以表明电堆或单体的输出性能。这些损耗在极化曲线中，表现为活化极化、欧姆极化及浓差极化三种主要的极化方式。活化损失主要出现在电流比较小的范围内，是由质子穿过反应界面时克服活化能而产生的。欧姆损失主要是燃料电池内部的欧姆电阻所导致的，其出现范围更广。因此，极化曲线电流中等的范围内电堆输出电压与电流具有良好的线性关系。浓差损失的产生原因是反应物浓度差造成反应物的扩散输运阻力，浓差损失主要在电流较高时出现。

在燃料电池实际使用时，欧姆极化占主导的部分工作条件较好，主要应当工作在这一区域。在浓差极化主导的部分，燃料电池的运行条件非常恶劣，应当采取措施避免使燃料电池在此部分工作。

研究对象所用燃料电池单体极化曲线如图 6.20 所示。

极化曲线可以通过测量得到，测量极化曲线时可以通过对典型的工作点取样测量，并拟合极化曲线，也可以通过升载测量法或者降载测量法连续测量，从而测得极化曲线。

极化曲线也可以通过经验公式进行拟合。式（6.33）是燃料电池极化曲线的一种拟合方式。

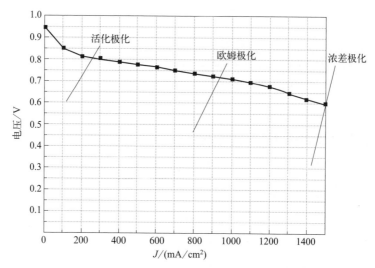

图 6.20　研究对象所用燃料电池单体极化曲线

$$E_{\text{cell}} = E_{r,T,p} - \frac{RT}{\alpha F}\ln\frac{i + i_{\text{loss}}}{i_0} - \frac{RT}{nF}\ln\frac{i_{\text{L}}}{i_{\text{L}} - i} - iR_{\text{i}} \tag{6.33}$$

该公式为极化曲线的一种较为简化的描述公式，但公式中仍包括许多参数，如转移系数 α、交换电流密度 i_0、内阻 R_{i} 等，这些参数的变化都会对极化曲线产生影响。

无论是直接测量极化曲线，还是通过拟合得到极化曲线，都可以较为准确地得到极化曲线，然而由于燃料电池会在运行时不断发生衰减，这两种方法都难以在退化时实时地得到极化曲线，因此还需要进一步研究燃料电池退化时极化曲线的退化规律。

6.3.1.2　极化变化曲线

在真实场景应用的燃料电池，其性能相比寿命初始时（Begin of Life，BOL）会不断地发生衰减。这是由于前面所述的引起电压损耗的因素引起的。通过绘制电压和电流密度的变化，可以发现不同的电压损耗在退化过程中是如何变化的，这种曲线被称作极化变化曲线。极化变化曲线是通过 BOL 时的极化曲线和当前的极化曲线之差来建立的。燃料电池的衰减通常是由于多种电压损失的共同作用导致的，这些电压损失共同组成了极化变化曲线。

Mohsin 等测量了燃料电池单体在不同的湿度下，加速实验过程中极化曲线的变化情况，其测得的极化曲线如图 6.21 所示。从图 6.21 中可以发现，极化曲线在较大范围内都呈现出良好的线性，并且随退化的变化也有近似线性的关系。

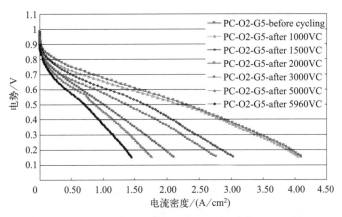

图 6.21　Mohsin 等测得的一种极化曲线变化情况（彩图）

Yu 等通过实验得到了固定工作条件下燃料电池单体在 2700h 过程中性能的变化，测得了极化曲线的变化情况，并且指出燃料电池的性能衰减在刚开始时较为缓慢，在 2400h 后则快速退化。Wu 等则对由 6 个单体组成的电堆进行了加速实验，测得了退化过程中的极化曲线。

Bezmalinovic 等测量了单体的性能退化过程。图 6.22 展示了单体的极化曲线变化情况，单体极化曲线在测试中逐渐下降，并且电流密度较高的工作点变化速度更快。对电压变化量进行拟合可以发现，电压变化量呈现出良好的线性，如图 6.23 所示。

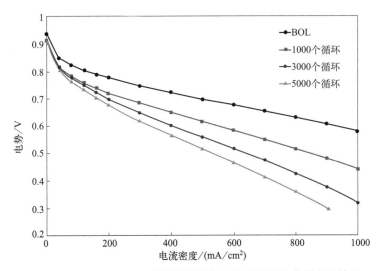

图 6.22　Bezmalinovic 等测得的燃料电池单体极化曲线变化情况

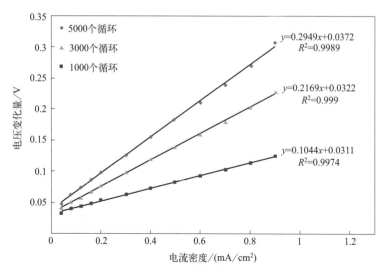

图 6.23　Bezmalinovic 等测得的极化变化曲线的拟合

从图 6.23 中可以看出，燃料电池在退化过程中电压的变化量和电流密度呈现出良好的线性关系，因此，代表着极化曲线变化情况的燃料电池的极化变化曲线可以通过线性方程进行拟合。由于退化后的极化曲线可以通过初始时的极化曲线和极化变化曲线得到，因此拟合极化变化曲线提供了一种快速得到退化后的极化曲线的方法。

在能量管理策略中使用退化后的极化曲线需要随着退化实时地得到极化曲线，而过去的直接测量或是根据经验公式拟合都不能满足实时性的要求。拟合极化变化曲线可以有效解决实时性问题，为考虑退化的能量管理模块的实现提供了可能性。在实际使用过程中，只需要得到某一个工作点的电压变化量，即可得到当前的极化曲线，进而得到退化的燃料电池的最新的输出特性，从而指导能量管理策略的制定。

6.3.1.3　极化变化曲线的拟合

根据文献的研究，电堆的电压衰退与电流密度线性相关，因此本书中将利用线性方程对极化变化曲线进行拟合。采用线性方程拟合可以快速得到燃料电池退化后的极化曲线，相比通过测量法和直接拟合极化曲线消耗时间少，可以实时应用于能量管理中。

燃料电池在退化后的某个时刻，其极化变化曲线见式（6.34）。

$$\Delta U = \Delta U_0 + kC \tag{6.34}$$

式中，ΔU 为电压变化量；C 为电流密度；ΔU_0 为开路时的电压衰减量；k 为斜率。

其中 ΔU_0 的出现是由于开路电压的下降造成的，在实际使用燃料电池时，由于退化通常都伴有催化面积的减少，所以开路电压也会下降，导致极化变化曲线有不为零的截距。

极化变化曲线的斜率 k 可以通过燃料电池的额定电流密度下的电压退化和开路电压的衰减量确定，如下所示。

$$\Delta U = \Delta U_0 + \frac{\Delta U_e - \Delta U_0}{C_e} C \tag{6.35}$$

式中，C_e 为全新燃料电池额定电流密度；ΔU_e 为额定电流密度处电压变化量。

6.3.1.4　燃料电池健康状况的描述

为了描述燃料电池的退化情况，需要定义其健康状况（State of Health，SOH）。本书采用额定电流下的电压衰减量来定义 SOH。与采用其他指标相比，采用电压衰减量定义 SOH，具有测量成本低、可实时获取等优点，并且通过这种方法可以准确得到不同 SOH 值与电压的关系。结合极化曲线和本书对 SOH 的定义，可以明确得到不同 SOH，即不同退化程度下电堆的极化曲线和效率等性能表现。

本书中，定义额定电流下的电压衰减 10% 为燃料电池的寿命终点（End of Life，EOL），并定义燃料电池 SOH 为额定电流下剩余可衰减的电压占最大衰减电压的比例，如下所示。

$$\text{SOH} = 1 - \frac{\Delta U_e}{U_{e,\text{init}} \times 0.1} \tag{6.36}$$

式中，$U_{e,\text{init}}$ 和 ΔU_e 分别为在额定电流下电压的初始值和衰减量。

确定 SOH 的定义后，式（6.35）中的电压衰减量 ΔU_e 即可算出。本书中燃料电池汽车使用的全新燃料电池单体额定电流密度为 $C_e = 1300\text{mA}/\text{cm}^2$，对应的单体额定电压为 $U_{e,\text{init}} = 0.65\text{V}$。

通过式（6.37）可以基于 SOH 计算开路电压衰减量 ΔU_0。

$$\Delta U_0 = U_{0,\text{max}}(1 - \text{SOH}) \tag{6.37}$$

式中，$U_{0,\max}$ 为单体开路电压退化极限，基于文献中测得的数据，本书中 $U_{0,\max} = 0.03\text{V}$ 。

6.3.1.5 电堆退化性能模型的验证

本书采用一个额定功率为 40kW 的电堆在生命周期不同阶段实际测量得到的数据对提出的电堆退化性能模型进行验证。验证用的燃料电池电堆和本书所研究燃料电池汽车使用的电堆采用相同的燃料电池单体制成，验证用的电堆是实际在日常行驶的车辆上使用的电堆，其工作条件为随机的行驶工况，因此，在该电堆测得的数据可以证明本书所提出的燃料电池退化模型的有效性。

在用于验证的电堆的生命周期中不同时期，分别测量了两次电堆的输出电流、电压数据，两次测量间隔了 8 个月的时间。在电堆未发生退化时，其电流和电压数据如表 6.11 所示。退化后的电流和电压数据与模型预测数据如表 6.12 所示。退化模型的验证如图 6.24 所示。

表 6.11　退化前燃料电池的电流和电压数据

电流 /A	电压 /V
3.33	343.96
59.74	320.73
73.56	317.74
74.49	314.89
80.05	311.13
85.61	311.56
145.68	289.7
169.34	282.19
192.89	274.78
237.5	269.73
238.51	268.67
239.57	269.23
241.09	269.03

表 6.12　退化后的电流和电压数据与模型预测的数据

电流 /A	电压 /V	预测的电压 /V	误差 /%
4	339.3	340.2	0.26
19.5	336	332.6	1.01
38.5	323	323.3	0.09
58.7	313.5	313.4	0.04
62.5	314.3	312.1	0.71
81.9	301.9	301.7	0.07
86.6	298	301.3	1.09
127.7	281.8	283.1	0.45
153.7	272	272.0	0.02
180	259.3	261.6	0.88
180.4	264	261.4	0.98
196	257.8	255.9	0.73

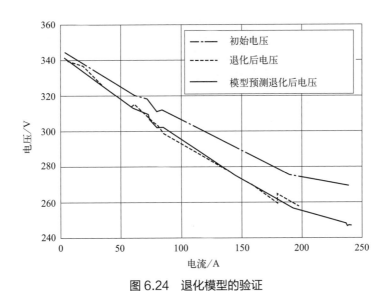

图 6.24　退化模型的验证

　　验证数据表明，本书提出的退化性能模型预测具有较高的精确度，与实际的极化曲线相比，电压平均误差仅为 0.52%。

6.3.1.6 电堆的退化性能

根据式（6.34）~式（6.37）能够得出燃料电池单体极化曲线的退化情况。如图 6.25 是单体极化曲线的退化，其中三条曲线分别代表了燃料电池单体在寿命起点（BOL）、中等程度退化和严重退化（SOH 由大到小）的情况下的极化曲线。

根据极化曲线的变化可以得到许多信息，例如电堆电效率的变化、系统效率的变化以及最大功率的退化情况等。结合不利工况的定义，可以得到当前对燃料电池不利的工作点的范围等信息。

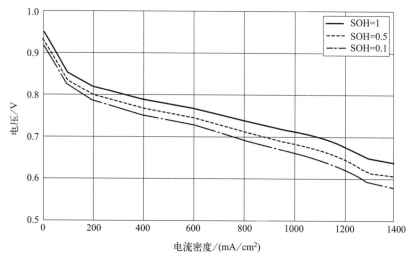

图 6.25　单体极化曲线的退化

6.3.2　燃料电池系统的性能退化

6.3.2.1　燃料电池系统效率

燃料电池系统的能量流如图 6.26 所示。系统的输入为氢，氢的化学能在电堆中转变为电能，电堆输出的功率经过 DC/DC 转换器并驱动系统附件工作，最终得到燃料电池系统提供给总线的功率。

燃料电池系统的效率 $\eta_{\text{fc\_sys}}$ 可以定义为提供给功率总线的净功率与输入的氢的化学能 $E_{\text{H}_2\_\text{in}}$ 之比，如下所示。

$$\eta_{\text{fc\_sys}} = \frac{E_{\text{net}}}{E_{\text{H}_2\_\text{in}}} \tag{6.38}$$

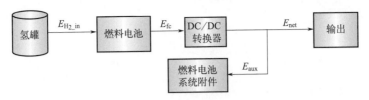

图 6.26　燃料电池系统的能量流

燃料电池系统效率与系统中的三种效率有关，如下所示。

$$\eta_{\text{fc\_sys}} = \frac{E_{\text{H}_2\_consumed}}{E_{\text{H}_2\_in}} \times \frac{E_{\text{stack}}}{E_{\text{H}_2\_consumed}} \times \frac{E_{\text{net}}}{E_{\text{stack}}} = \eta_{\text{fuel}} \eta_{\text{conv}} \eta_{\text{elec}} \quad (6.39)$$

式中，$E_{\text{H}_2\_consumed}$ 为燃料电池中参与电化学反应的氢的化学能；E_{stack} 为燃料电池电堆产生的电能。

三个部分效率的定义如下。

（1）燃料效率 η_{fuel}

一些燃料电池中，输入燃料电池的氢气不能完全参与反应，因此会产生能量损失，造成燃料电池的效率下降。其具体定义如下所示。

$$\eta_{\text{fuel}} = \frac{E_{\text{H}_2\_consumed}}{E_{\text{H}_2\_in}} = \frac{M_{\text{H}_2\_consumed}}{M_{\text{H}_2\_in}} \quad (6.40)$$

式中，$M_{\text{H}_2\_consumed}$ 为参与电化学反应的氢的质量；$M_{\text{H}_2\_in}$ 为输入燃料电池的氢的质量。

本书研究对象所配备的燃料电池系统包括氢气循环泵，其燃料效率近似于 1，因此认为其燃料效率为 1 且不随燃料电池的退化而改变。

（2）电压效率 η_{vol}

其定义如下。

$$\eta_{\text{vol}} = \frac{E_{\text{stack}}}{E_{\text{H}_2\_consumed}} = \frac{U_{\text{cell}}}{1.482} \quad (6.41)$$

式中，E_{stack} 为电堆产生的电能；U_{cell} 为电堆中单体的电压；1.482 为单体的理论电压，V。

由于燃料电池的电压会随着退化而降低，电压效率也会随着电堆的退化而下降。根据燃料电池的退化模型，退化后电堆的电压可以通过燃料电池的 SOH 确定，因此，退化后的电压效率也可以根据燃料电池的 SOH 导出。定义 $\xi_{\text{vol\_eff}}$ 为电压效率的退化效率，在额定电流处，$\xi_{\text{vol\_eff}}$ 与 SOH 的关系如下。

$$\xi_{\text{vol\_eff}} = \frac{\eta_{\text{vol,degraded}}}{\eta_{\text{vol,init}}} = \frac{U_{\text{rated,degraded}}}{U_{\text{rated,init}}} = 0.9 + 0.1\text{SOH} \quad (6.42)$$

(3) 电效率 η_{elec}

$$\eta_{\text{elec}} = \frac{E_{\text{net}}}{E_{\text{stack}}} = \frac{E_{\text{stack}}\eta_{\text{DC/DC}} - E_{\text{aux}}}{E_{\text{stack}}} = \eta_{\text{DC/DC}} - \frac{E_{\text{aux}}}{E_{\text{stack}}} \tag{6.43}$$

电效率是指燃料电池系统输出的净能量和电堆输出能量之间的比值，其定义见式（6.43）。电堆产生的能量会在 DC/DC 转换器转换时损耗一部分，另外有一部分能量被用于驱动燃料电池系统的附件工作。因此，燃料电池系统的电效率取决于 DC/DC 转换器的效率和附件消耗的能量。

在本书中，假设在燃料电池的 BOL 时，系统附件消耗的功率为电堆输出功率的 15%，由于燃料电池退化后，对散热等的需求增加，因此附件消耗的功率也会增加，假设燃料电池系统附件消耗的能量在退化过程中按式（6.44）变化。

$$E_{\text{aux,degraded}} = \frac{1 - \eta_{\text{elec,degraded}}}{1 - \eta_{\text{elec}}} E_{\text{aux}} \tag{6.44}$$

6.3.2.2 燃料电池系统的性能退化

通过对燃料电池系统效率的推导可以发现，燃料电池系统退化后的效率是 SOH 和输出功率函数，如下所示。

$$\eta_{\text{fc\_sys,degraded}} = \xi_{\text{fc\_sys}}\eta_{\text{fc\_sys}} = F(\text{SOH}, P_{\text{fc}})\eta_{\text{fc\_sys}} \tag{6.45}$$

根据式（6.38）～式（6.45），可以基于 SOH 和输出功率计算出燃料电池系统效率和氢气消耗量，如图 6.27 和图 6.28 所示。

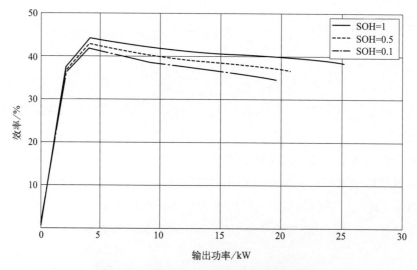

图 6.27　不同 SOH 下燃料电池系统的效率

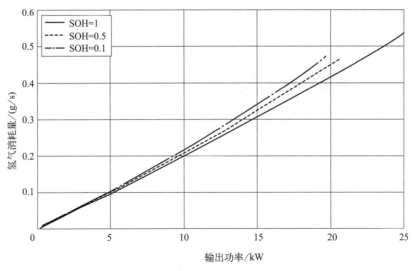

图 6.28　不同 SOH 下的氢气消耗量

6.3.3　退化自适应的能量管理策略

6.3.3.1　燃料电池退化的影响

　　燃料电池汽车能量管理策略通常基于电源系统中部件的效率，对车辆的经济性能进行优化，以减少车辆运行过程中的能量消耗。在制定能量管理策略时，采用的是全新的动力系统的效率、氢耗量等数据，而得到的能量管理规则会在车辆运行的整个生命周期使用。

　　然而，在燃料电池汽车的实际应用中，燃料电池系统会随着使用逐渐退化。车载燃料电池电堆的退化主要是由复杂的运行工况导致的，燃料电池会出现活化面积减少等现象，并且最终表现为输出电压下降、效率下降等输出性能的恶化。燃料电池系统中的附件性能也会随使用而退化，同时电堆的效率下降导致系统附件散热等功能所需要的效率增加。在这些因素的共同作用下，退化后燃料电池系统的输出效率逐渐下降。

　　本书建立了燃料电池系统退化后输出性能的模型。SOH 为 1 代表了全新的系统，SOH 为 0.1 则代表系统大幅退化。对于不同的输出功率，系统的效率下降是不平衡的。电流和功率较小时，系统的效率较大，并且随着退化而降低的幅度较小；电流和功率较高时，电堆的工作电压较低且效率较低，并且退化造成的电堆电压的下降幅度较大，导致系统效率也出现较大幅度的下降。同时，由于效率的下降，系统最大输出功率也出现了下降。

在燃料电池系统退化后，如果仍使用根据全新的燃料电池输出性能确定的控制策略，会使燃料电池系统保持较高的功率，在系统效率较低的工作点工作。对于一些采用优化方法的策略，由于系统效率在不同功率下不平衡地下降，退化后的动力系统将会偏离策略预计的最优的工作点。此外，由于退化后系统最大功率下降，如果能量管理策略不限制燃料电池的工作点，燃料电池将会在过高的功率下工作，加速系统性能的衰减。

6.3.3.2 退化自适应的实现

为了降低燃料电池退化对车辆经济性的影响，同时为了避免燃料电池系统退化的加剧，有必要在制定能量管理策略时将燃料电池系统的退化考虑在内。考虑退化的能量管理策略包括多种方式，如根据健康状况限制燃料电池的功率，或者调整其最优效率区间等方式。而采用自适应控制方法，实时进行燃料电池 SOH 的辨识，并根据燃料电池的 SOH 调整控制输出，也是一种有效的优化退化后的燃料电池汽车经济性的方式。

反馈控制和最优控制都认为被控对象具有固定的参数和结构，因此这些方法应用于具有动态参数的被控对象时难以实现良好的控制品质。而自适应控制由于可以自动补偿被控对象的参数或者模型结构发生的变化，非常适合于被控对象参数或结构动态变化的情况。Gibson 给出了自适应控制系统的一种定义，认为其需要通过辨识得到研究对象系统实时的参数情况，并且通过对比系统实际性能和期望性能而得到决策并控制系统，使系统性能靠拢最优的或者预期的性能，修改控制器以达到最优状态。常见的自适应控制系统有模型参考自适应控制系统、自校正控制系统和自寻优控制系统等。模型参考自适应控制系统将输入参数同时提供给被控对象和参考模型，将参考模型得到的结果作为预期的性能，系统通过比较被控对象和参考模型的输出得到误差，并以此为依据对被控系统进行修正。自校正控制系统实时辨识被控系统中参数的变化，从而实时调节控制系统参数。自寻优控制系统则是自动地调整被控系统，使其能够在系统变化时仍然能够到达新的、最优的工作点。

一些学者根据自适应控制理论对燃料电池汽车能量管理问题进行了研究。徐陈峰结合自适应控制理论和模糊控制理论，得到了一种自适应模糊策略，该策略可以合理地分配功率并保证锂电池 SOC 在预期范围内。侯瑞宇定义了燃料电池和蓄电池能量消耗的等效因子，计算了不同工况下所需的等效因子，通过机器学习识别工况并调整等效因子，得到了一种工况自适应策略。陈欢等在控制策略的优化目标中加入了一个自适应参数因子，根据工况调节参数因子，从而优化了控制策略的控制效果。

而根据自适应控制理论，要实现能量管理对退化的适应性，则需要对燃料电池退化情况进行辨识，并且根据结果修正控制规则。随着燃料电池退化，其内部组件的参数和性能会发生改变，造成输出特性变化，根据退化性能模型，SOH能够代表这些特征的变化，因此本书中通过辨识SOH来识别燃料电池的退化。随后，则根据辨识的结果动态调整控制策略的控制规则。由于燃料电池的退化受到运行条件的影响，策略的决策会改变其退化程度，不同的工作条件会导致不同程度的退化，并且燃料电池的输出性能还受到一些短期可逆因素的影响，因此有必要实时辨识燃料电池的SOH。图6.29显示了退化自适应性的实现原理。

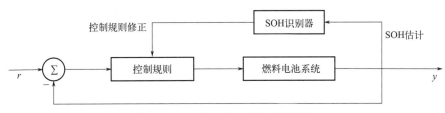

图 6.29　退化自适应性的实现原理

本小节将根据燃料电池SOH定义和退化性能模型，确定燃料电池SOH的在线识别方法，并将识别出的SOH作为瞬时优化策略的新的输入量，实时根据SOH调节能量管理模块，从而实现控制策略对退化的适应，得到一种退化自适应能量管理策略。

6.3.3.3　退化自适应能量管理策略的结构

退化自适应能量管理策略（Degradation Adaptive Energy Management Strategy，DAEMS）的结构如图6.30所示。

退化自适应策略的输入包括总线需求功率、蓄电池SOC和燃料电池的电流电压。策略中主要包括SOH识别器、退化性能模型、燃料电池效率计算模块、蓄电池效率计算模块以及功率分配方案计算模块。

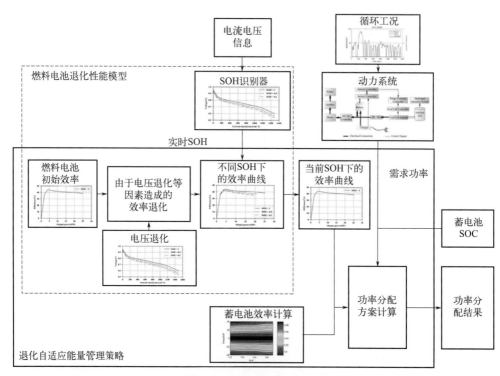

图 6.30　DAEMS 的结构

与不考虑退化的瞬时优化控制策略相比，退化自适应策略增加了燃料电池的退化性能模型和 SOH 识别器。退化自适应策略增加了燃料电池的电流和电压信息作为输入，并通过 SOH 识别器实时识别燃料电池系统的 SOH，结合退化性能模型，得到当前系统的性能。得到 SOH 后根据当前 SOH 对应的动力源性能，采用瞬时优化算法求解出电源系统当前的功率分配方案。能量管理模块通过识别燃料电池的 SOH 并相应地调整功率分配方案，实现了能量管理策略对于燃料电池系统退化的自适应性。

本书中燃料电池的 SOH 是通过燃料电池系统的输出电压下降定义的，因此，在车辆运行过程中，只需要检测燃料电池系统的电流和电压输出即可得到燃料电池系统的 SOH 值。通过在退化过程中自适应地调整能量管理策略的功率分配方案，可以使能量管理策略的控制结果针对 SOH 实现优化，减少了由于燃料电池系统效率不平衡退化导致能量管理效果的下降，相比没有考虑燃料电池退化的能量管理策略可实现经济性的提升。

退化自适应控制策略与瞬时优化策略相比，仅增加了燃料电池健康状况识别和调整燃料电池模型中参数的环节，增加的环节可以实时地运行，因此，退化自适应控制策略仍然是一种在线的策略，并且具有良好的实时性。

6.3.3.4　SOH 的识别

为了优化包含退化燃料电池的燃料电池汽车经济性，首先需要识别燃料电池的退化情况。本书中采用额定电流下的电压作为指标，定义了燃料电池的 SOH，但是在实际使用中，燃料电池通常不在额定工况下工作，并且燃料电池的输出可能会出现波动，因此有必要辨识其 SOH。

根据 SOH 的定义，在测得燃料电池的某一工作点对应的电流 C 和电压 U 后，可以结合燃料电池的初始极化曲线得到在电流 C 处的电压下降 ΔU，从而得到 SOH，如下所示。

$$\frac{\Delta U - (1-\text{SOH})\Delta U_{0,\max}}{C} = \frac{(1-\text{SOH})\Delta U_{\text{rated},\max}}{C_{\text{rated}}} \tag{6.46}$$

式中，C_{rated} 为额定电流；$\Delta U_{\text{rated},\max}$ 为额定电流处电压衰减极限；$\Delta U_{0,\max}$ 为开路电压衰减极限，电压的衰减极限可以通过退化模型得到。

式（6.46）提供了一种根据燃料电池实际的任意一个工作点计算 SOH 的方法。燃料电池是一种非常复杂的系统，在工作时，燃料电池内部发生着复杂的电化学反应，有许多因素会影响其输出，温度、湿度等条件的变化也会导致工作情况出现波动，因此燃料电池的工作点并不严格地分布在极化曲线上。

如图 6.31 所示是电堆退化过程中输出电压变化情况。图 6.31 中横轴为电堆运行时间，纵轴为额定电流对应的电压。从图 6.31 中可以发现，虽然随着运行时间增加，输出电压有下降趋势，但是从短时间范围来看输出电压有着明显波动。实际上燃料电池的退化程度并不会随着时间出现较快的波动，因此在电堆的实际工作过程中仅根据一个工作点的数据计算会产生较大的误差。这些误差的出现会控制策略的修正精度，进而导致控制效果的下降。

采用滤波方法可以有效抑制一些偶然因素造成的 SOH 测量结果变化。常见的滤波方法包括经典滤波方法和现代滤波方法。经典滤波方法有低通滤波、高通滤波、带通滤波、限幅滤波、算术平均滤波和中位值滤波等。低通滤波、高通滤波、带通滤波通过去除特定频率的信号进行滤波。中位值滤波通过连续采样奇数次，将采样值排序后的中位数作为有效值，可以有效过滤由于偶然因素产生的数据异常，对于变化较慢的参数效果较好。均值滤波则是将采样值的均值作为输出。现代滤波方法则包括小波滤波、卷积滤波、粒子滤波等。小波滤波通过小波变化、系数处理和小波逆变换实现噪声去除。卷积滤波则利用卷积核对信号进行卷积操作完成滤波。粒子滤波则是利用粒子集合的分布表示概率，以得到最小方差分布的滤波方法。图 6.32 比较了几种滤波方法的效果。

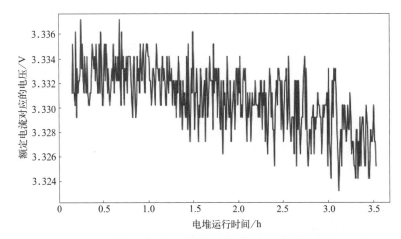

图 6.31　电堆退化过程中输出电压变化情况

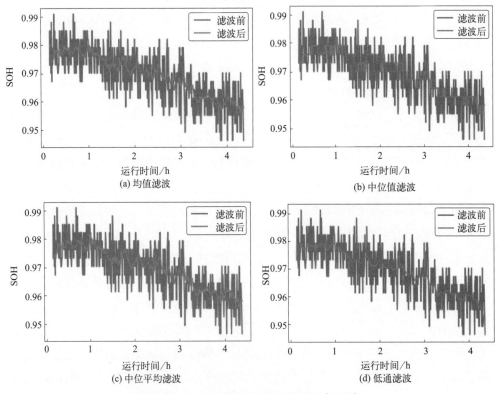

(a) 均值滤波

(b) 中位值滤波

(c) 中位平均滤波

(d) 低通滤波

图 6.32　不同滤波方法的效果对比（彩图）

其中，采用低通滤波算法可以有效过滤掉高频的信号，去除由于短时间波动造成的误差，因此，本书中选用低通滤波法对 SOH 的测量值进行滤波，表 6.13 显示了 SOH 识别器工作过程。利用构建的燃料电池 SOH 识别器，可以根据燃料电池的输出测得当前的 SOH。图 6.33 展示了退化过程中 SOH 的识别结果。

表 6.13　SOH 识别器工作过程

算法 2：SOH 识别器工作过程
1. 采集电压电流信息
2. 计算单独的 SOH 数值
3. 采用低通滤波器进行滤波
4. 输出 SOH 有效值

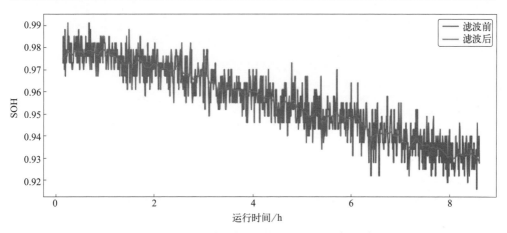

图 6.33　退化过程中 SOH 的识别结果（彩图）

6.3.3.5　退化自适应策略的输出

退化自适应策略与瞬时优化策略相同，仍然通过计算总的功率损失方程，从而获得电源系统最优工作方案，如下所示。

$$P_{\text{fc,opt}}, P_{\text{bat,opt}} = \underset{P_{\text{fc}}, P_{\text{bat}}}{\text{argmin}}[L_{\text{total}}(P_{\text{fc}}, P_{\text{bat}})] \tag{6.47}$$

在计算功率损失时，与原策略不同，退化自适应控制策略中燃料电池的效率是其功率和燃料电池 SOH 的函数，蓄电池效率仍是其功率和 SOC 的函数，如下所示。

$$\eta_{\text{fc}} = F_{\text{fc}}(P_{\text{fc}}, \text{SOH}) \tag{6.48}$$

$$\eta_{\text{bat}} = F_{\text{bat}}(\text{SOC}, P_{\text{bat}}) \tag{6.49}$$

DAEMS 的计算过程如表 6.14 所示。

表 6.14　DAEMS 的计算过程

算法 3：DAEMS 的计算过程

测量燃料电池的电压和电流信息
通过 SOH 识别器确定当前燃料电池 SOH
For power_req = [−40,40] **do**
　　初始化功率损失
　　For power_fc = [0,40] **do**
　　　　计算蓄电池功率
　　　　For soc = [0.5,1] **do**
　　　　　　结合退化模型计算燃料电池功率损失
　　　　　　计算蓄电池功率损失
　　　　　　if 当前功率损失小于已有功率损失
　　　　　　　　更新功率损失和分配方案
　　　　　　end if
　　　　end for
　　end for
　　输出当前需求功率下的功率分配方案
end for

按照表 6.14 的算法进行计算后，可以得到退化后燃料电池汽车的功率分配方案。为了避免使退化后的燃料电池的高功率输出，退化后的能量管理策略中不考虑功率损失方程中的权重系数 k。如图 6.34 和图 6.35 所示分别是 SOH 为 0.5 及 0.1

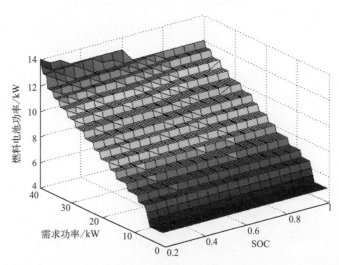

图 6.34　DAEMS 燃料电池输出 MAP 图（SOH = 0.5）（彩图）

时燃料电池的功率输出方案。从图 6.34 和图 6.35 中可以看出，与不考虑退化的瞬时优化策略相比，退化自适应策略在燃料电池退化后，降低了其工作功率。这是由于燃料电池退化过程中，功率越高，其效率退化越快，减少燃料电池高功率的输出可以有效提高整个混合动力系统的经济性。

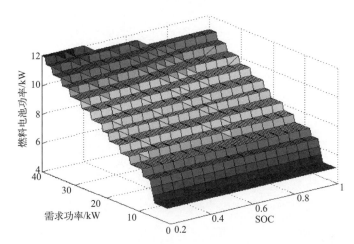

图 6.35　DAEMS 燃料电池输出 MAP 图（SOH = 0.1）（彩图）

如图 6.36 和图 6.37 所示分别为在 SOC 为 0.4 及 0.8 时，燃料电池功率随 SOH 变化的情况。不考虑退化的瞬时优化策略，始终不改变功率输出方案。退化自适应策略在 SOH 为 1，即燃料电池系统全新时与瞬时优化策略有着相同的输出，但是随着 SOH 逐渐下降，输出方案中燃料电池的功率也逐渐下降。对于不同的 SOC，与瞬时优化策略相似，SOC 较低时由于蓄电池效率变化，燃料电池输出功率比 SOC 较高时略有增长。

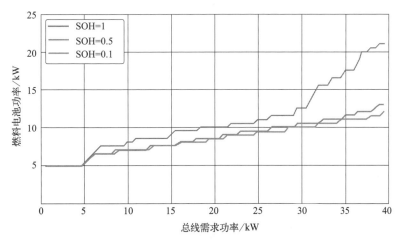

图 6.36　不同 SOH 下燃料电池功率（SOC = 0.4）（彩图）

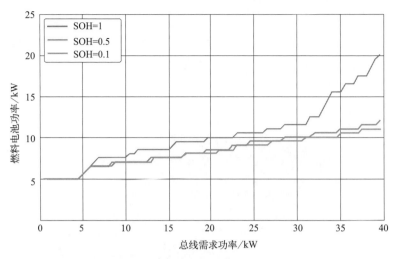

图 6.37　不同 SOH 下燃料电池功率（SOC = 0.8）（彩图）

6.3.3.6　仿真分析

采用退化自适应策略的燃料电池汽车的能量消耗量如表 6.15～表 6.17 所示。SOH 为 1 时，退化自适应策略和瞬时优化策略的仿真结果相同，这是由于在燃料电池没有退化时，两种策略的控制输出相同。

表 6.15　DAEMS 的仿真结果（SOH = 1）

循环工况	氢耗量 /g	SOC 终值	ΔSOC	总等效氢耗量 /g
UDDS	155.6	0.7874	0.0126	186.68
UDDS×3	458.2	0.7624	0.0376	550.95
HWFET	119.7	0.7545	0.0455	231.93
HWFET×3	353.9	0.6632	0.1368	691.34

表 6.16　DAEMS 的仿真结果（SOH = 0.5）

循环工况	氢耗量 /g	SOC 终值	ΔSOC	总等效氢耗量 /g
UDDS	156.9	0.7864	0.0136	190.45
UDDS×3	462.5	0.7592	0.0408	563.14
HWFET	115.7	0.7521	0.0479	233.85
HWFET×3	340.7	0.6553	0.1447	697.63

表 6.17 DAEMS 的仿真结果（SOH = 0.1）

循环工况	氢耗量 /g	SOC 终值	ΔSOC	总等效氢耗量 /g
UDDS	152.3	0.7838	0.0162	192.26
UDDS×3	448.4	0.7515	0.0485	568.03
HWFET	108.7	0.7491	0.0509	234.25
HWFET×3	318.2	0.6458	0.1542	698.56

SOH 为 0.1 时，PFEMS 的仿真结果如表 6.18 所示，退化自适应策略与功率跟随策略的等效氢耗量的对比如表 6.19 所示。可以看出，与功率跟随策略相比，本书提出的退化自适应策略大幅降低了退化后燃料电池汽车的氢耗量，SOH 为 0.1 时，氢耗量的下降幅度达到 19.96% ～ 24.49%。

表 6.18 PFEMS 的仿真结果（SOH = 0.1）

循环工况	氢耗量 /g	SOC 终值	ΔSOC	总等效氢耗量 /g
UDDS	280.9	0.8165	−0.0165	240.20
UDDS×3	836.2	0.8493	−0.0493	714.59
HWFET	308.5	0.7993	0.0007	310.23
HWFET×3	919.7	0.7981	0.0019	924.39

表 6.19 SOH=0.1 时两种能量管理策略的等效氢耗量对比

循环工况	PFEMS	DAEMS	优化幅度 /%
UDDS	240.20	192.26	19.96
UDDS×3	714.59	568.03	20.51
HWFET	310.23	234.25	24.49
HWFET×3	924.39	698.56	24.43

退化自适应策略中采用功率损失最小的算法对混合动力系统进行了优化，因此其经济性明显优于功率跟随策略。在退化后，退化自适应策略相比功率跟随策略的优化幅度进一步增长，这是由于功率跟随策略没有随着燃料电池系统退化调整功率分配造成的。燃料电池的 SOH 下降到 0.1 时，燃料电池系统的效率平均下

降 3.04%，在全新的燃料电池的额定功率处效率下降则更多。燃料电池工作在功率较高的区域会造成氢耗量的大量增长，因此在平均功率较高的 HWFET 工况中，采用功率跟随策略时氢耗量增长较 UDDS 工况中更快。DAEMS 和 PFEMS 总等效氢耗量随 SOH 的变化情况如图 6.38 所示。

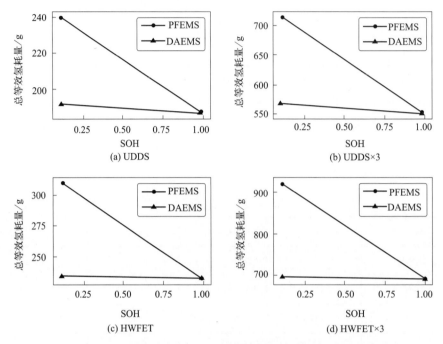

图 6.38　DAEMS 和 PFEMS 总等效氢耗量随 SOH 的变化情况

为了对退化自适应策略在退化时优化经济性的机理进行进一步验证，将同样采用功率损失最小算法的瞬时优化策略在燃料电池退化的燃料电池汽车中进行仿真。SOH 为 0.5 和 0.1 时，采用瞬时优化策略时燃料电池汽车的能量消耗情况如表 6.20 和表 6.21 所示。

表 6.20　IOEMS 的仿真结果（SOH = 0.5）

循环工况	氢耗量 /g	SOC 终值	ΔSOC	总等效氢耗量 /g
UDDS	160.6	0.7874	0.0126	191.68
UDDS×3	474	0.7624	0.0376	566.75
HWFET	124.1	0.7545	0.0455	236.33
HWFET×3	367.9	0.6632	0.1368	705.34

表 6.21　IOEMS 的仿真结果（SOH = 0.1）

循环工况	氢耗量 /g	SOC 终值	ΔSOC	总等效氢耗量 /g
UDDS	165.1	0.7874	0.0126	196.18
UDDS×3	488.3	0.7624	0.0376	581.05
HWFET	128.1	0.7545	0.0455	240.33
HWFET×3	380.6	0.6632	0.1368	718.04

从仿真结果可以发现，在采用两种不同的策略时，燃料电池汽车总的等效氢耗量都会随着 SOH 的下降而增加，这是由于燃料电池系统退化后的效率衰减造成了混合动力系统的效率降低。表 6.22 和表 6.23 是两种策略下总的等效氢耗量相比没有退化时的上升幅度，根据采用了两种策略时车辆的能量消耗情况可以发现，采用两种策略时总的等效氢耗量的上升速度是不同的，图 6.39 展示了 DAEMS 和 IOEMS 总等效氢耗量随 SOH 的变化情况。

表 6.22　总的等效氢耗量对比（SOH=0.5）

循环工况	IOEMS	DAEMS	优化幅度 /%
UDDS	191.68	190.45	0.66
UDDS×3	566.75	563.14	0.65
HWFET	236.33	233.85	1.07
HWFET×3	705.34	697.63	1.12

表 6.23　总的等效氢耗量对比（SOH=0.1）

循环工况	IOEMS	DAEMS	优化幅度 /%
UDDS	196.18	192.26	2.10
UDDS×3	581.05	568.03	2.36
HWFET	240.33	234.25	2.62
HWFET×3	718.04	698.56	2.82

采用退化自适应策略后，燃料电池汽车的总等效氢耗量随退化上升的幅度较小，并且与瞬时优化策略相比，燃料电池退化幅度越大，总的等效氢耗量的优化幅度也越大。当 SOH 为 0.5 时，退化自适应策略的氢耗量在 UDDS 工况下少上升

了 0.65% ～ 0.66%，在 HWFET 工况下少上升了 1.07% ～ 1.12%。当 SOH 为 0.1 时，退化自适应策略的氢耗量在 UDDS 工况下少上升了 2.10% ～ 2.36%，在 HWFET 工况下少上升了 2.10% ～ 2.82%。瞬时优化策略是一种经济性能较好的策略，而退化自适应策略在此基础上，进一步实现了经济性优化，这表明退化自适应策略可以有效缓解燃料电池退化后的燃料电池汽车的能量消耗的快速上升。

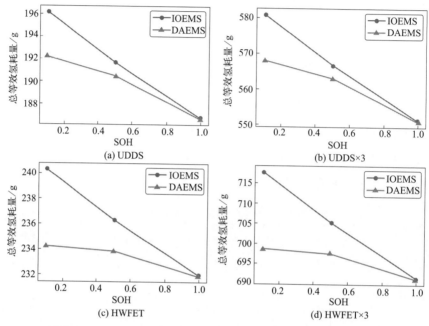

图 6.39　DAEMS 和 IOEMS 总等效氢耗量随 SOH 的变化情况

如图 6.40 所示为退化后燃料电池系统功率对比。可以看出，退化自适应策略随着 SOH 的减少调整了燃料电池系统功率。根据退化性能模型可知，系统输出功率越大，在性能衰减时效率下降得也越快。减少燃料电池系统的输出功率可以有效避免燃料电池系统在低效率区域工作。

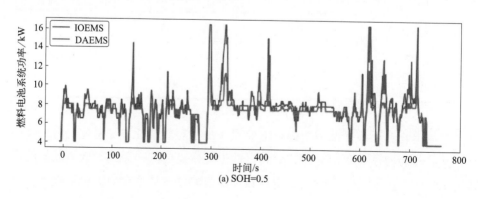

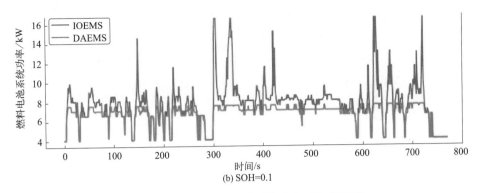

图6.40 退化后燃料电池系统功率对比（彩图）

图6.41和图6.42对比了燃料电池系统的工作点在效率曲线上的分布情况。与瞬时优化策略相比，退化自适应策略下燃料电池系统的工作点一直保持着较高的效率，这减缓了由于燃料电池系统性能衰减造成的整车能量消耗增加。

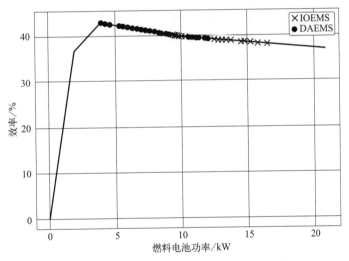

图6.41 燃料电池系统的效率（SOH=0.5）

退化自适应能量管理策略虽然不以优化燃料电池系统的耐久性为目标，但是其控制结果会对耐久性产生影响，本小节将讨论能量管理策略对燃料电池系统耐久性的影响。

Pei等指出，燃料电池的退化主要发生在启停循环、怠速、动态加载和高功率输出这四种不利工况下。Song等建立了能量管理策略的综合评价方法，分析了这四种工况燃料电池性能退化的影响，并做了归一化处理，得到了不利工况下燃料电池随时间的退化率。

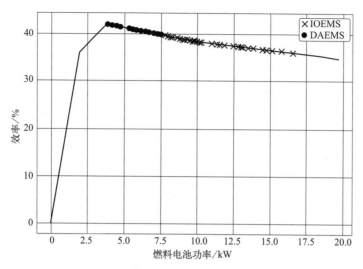

图 6.42　燃料电池系统的效率（SOH=0.1）

本小节选取动态加载和高负载这两种工况，对能量管理策略影响退化的情况进行分析。定义单体中高负载工况为单体电压小于等于 0.7V 时。燃料电池系统动态加载通过其负载变化的循环次数计算，对于本书中研究的燃料电池，每 21kW 为一个循环。

图 6.43 显示了燃料电池退化中高负载工况的变化。由于电压的衰减，退化后单体电压大于 0.7V 的范围明显减小，这显示出燃料电池退化对使用造成的负面影响，也表明如果不控制燃料电池的工作范围，将会导致其工作条件恶化。

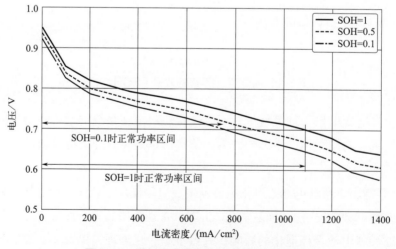

图 6.43　燃料电池退化中高负载工况的变化

仿真在 HWFET 工况下进行，结果如表 6.24。从表 6.24 中可以看出，燃料电池退化后，退化自适应策略减少了负载变化，同时避免了高功率输出的情况。这说明退化自适应策略虽然没有以燃料电池的耐久性作为优化目标，但由于该策略考虑了燃料电池退化，其输出结果避免了过高功率输出，因此该策略可以减缓已退化燃料电池系统的退化速度。

表 6.24　燃料电池的动态加载和高功率输出情况

SOH	IOEMS 功率变化	DAEMS 功率变化	IOEMS 高功率时长 /s	DAEMS 高功率时长 /s
1	22.29 个循环	22.29 个循环	0	0
0.5	22.29 个循环	12.49 个循环	14	0
0.1	22.92 个循环	8.63 个循环	31	0

6.4
基于小波变换算法的能量管理策略

燃料电池的运行情况能严重影响燃料电池的性能衰减速率，其中，动态加载运行对性能衰减速率的影响最为严重，因此，减缓燃料电池输出功率的波动情况成为研究人员优化能量管理控制策略的主要方向。小波变换能提取出需求功率中的低频主成分，能有效减缓燃料电池输出功率的波动情况。以小波变换为基础，同时考虑减少燃料电池的启停次数，减少其怠速运行和高功率输出时间，能明显降低燃料电池的性能衰减速率，延长其使用寿命。

6.4.1　小波变换用于信号的分解与重构

6.4.1.1　小波变换与反变换过程

小波 $\psi(x)$ 是在函数空间 $L^2(R)$ 中满足以下条件的一个函数或者信号。

$$C_\psi = \int_R \frac{|\psi(\omega)|}{\omega} \mathrm{d}\omega < \infty \tag{6.50}$$

小波 $\psi(x)$ 又被称为小波母函数，在小波母函数的基础上进行尺度上的改变和时间上的平移，生成函数族。

$$\psi_{(\lambda,u)}(x) = \frac{1}{\sqrt{|\lambda|}}\psi\left(\frac{x-u}{\lambda}\right) \quad u \in R, \lambda \in R-\{0\} \tag{6.51}$$

式中，λ 为表征频率的参数，称为尺度因子；u 为表征空间位置的参数，称为平移因子。

由 $C_\psi < \infty$ 可知小波母函数 $\psi(x)$ 具有衰减性。由式（6.50）可知 $\int_R \psi(x)\,\mathrm{d}x = 0$，即函数 $\psi(x)$ 在 $x=0$ 处有波动性。对于参数 (λ,u)，$\int_R \psi_{(\lambda,u)}(x)\,\mathrm{d}x = 0$，此时 $\psi_{(\lambda,u)}(x)$ 在 $x=u$ 附近波动，波动范围的大小由 λ 的变化决定。当 $\lambda < 1$ 时，$\psi_{(\lambda,u)}(x)$ 的波动范围比母函数波动范围小，小波函数能随着 λ 和 u 值的变化而伸缩和平移，决定了小波变换能够对信号在任意点处进行任意精细的分析，即小波变换具有局部化的时频分析能力。

对于小波函数族 $\psi_{(\lambda,u)}(x)$，当 λ 增加时，$\psi_{(\lambda,u)}(x)$ 伸展，时间窗变宽，频率窗变窄，适合分析多成分信号中的低频主成分；当 λ 减小时，$\psi_{(\lambda,u)}(x)$ 收缩，时间窗变窄，频率窗变宽，适合分析多成分信号中的高频成分。因此，小波变换同时具有时间局部化能力和频率局部化能力。

基于小波变换以上的特点，小波变换常常用于将信号分解为不同频率的成分，并进行信号的重构，获得低频主成分或高频细节成分。因此，可将小波变换运用于燃料电池汽车的能量管理，将整车需求功率信号进行小波分解和重构，低频主成分由燃料电池输出，高频成分由蓄电池输出，以减缓燃料电池的动态加载特性，延长其使用寿命。

连续信号 $x(t)$ 的小波变换的公式为

$$w(\lambda,u) = \int_R x(t)\frac{1}{\sqrt{\lambda}}\psi\frac{t-u}{\lambda}\mathrm{d}t \quad \lambda > 0, u \in R \tag{6.52}$$

小波变换的反变换公式为

$$x(t) = \frac{1}{K_\psi}\int_{R^+}\int_R w(\lambda,u)\frac{1}{\sqrt{\lambda}}\psi\frac{t-u}{\lambda}\times\frac{\mathrm{d}\lambda\mathrm{d}u}{\lambda^2} \tag{6.53}$$

其中 $R^+ = R-\{0\}$，表示非零实数的全体。小波变换作为信号变换和信号分析的工具在变换过程中没有信息损失。

为了将小波变换应用在信号分析的实践中，必须将尺度因子 λ 和平移因子 u 离散化。将尺度因子 λ 按二进制的方式离散化，得到二进制小波，之后再将平移

因子 u 按二进制整数倍离散化，得到正交小波和小波级数表达式。

对于任意的整数 j，取小波尺度参数 $\lambda 2^j$，则离散小波函数公式为

$$\psi_{(2^j,u)}(x) = 2^{-\frac{j}{2}} \psi[2^{-j}(x-u)] \quad j \in Z \tag{6.54}$$

取平移因子 $u = k2^j$（$j,k \in Z$），则离散小波变换及反变换公式变为

$$w(\lambda, u) = \int_R x(t) \frac{1}{\sqrt{\lambda}} \psi \frac{t-u}{\lambda} dt \quad \lambda = 2^j, u = k2^j, j,k \in Z \tag{6.55}$$

$$x(t) = \sum_{j \in Z} \sum_{k \in Z} w(j,k) \psi_{j,k}(t) \tag{6.56}$$

离散小波变换通过将信号投影到不同频率的子空间，然后对小波变换过程所得的系数进行处理并重构。在对小波系数进行处理时，如果将表示高频成分的系数置零，并按照原过程和方法将信号复原，可得到包含信号低频主成分的表达式。针对小波变换获得的低频成分，可再次进行小波变换，称为多层小波变换。多层小波变换将信号分解为多个频段的子成分，如果对信号进行 n 层小波变换，可获得 $n+1$ 个频段的子成分。

6.4.1.2 小波变换在 MATLAB 中的实现

在 MATLAB 中，采用 wavedec 函数来实现需求功率的小波变换过程，用 wrcoef 函数实现提取需求功率低频主成分的功能。wavedec 函数的适用对象为一维离散信号，其调用的格式为

$$[C,L] = wavedec(x,n,'wname')$$

式中，x 为原离散信号，是一个向量；n 为进行小波分解的层数，n 为整数；'wname' 为进行小波变换所采用的小波母函数；C 为存储着信号小波变换的近似分量系数和细节分量系数的向量。

L 向量依次存储着 C 向量中近似分量系数的长度、各细节分量系数的长度以及原信号的长度。利用 C 矩阵和 L 向量中所存储的信息可以提取出各频率段的信号，也可以对原信号进行还原。

对于一个 3 层的小波变换过程，其变换过程和存储结果如图 6.44 所示。首先，原始信号 x 被进行了一层的小波变换，cD_1 包含的是一层小波变换的高频成分，cA_1 中包含的是一层小波变换的低频成分；针对 cA_1 进行第二层小波变换，cD_2 包含的是两层小波变换的高频成分，cA_2 中包含的是两层小波变换的低频成分；针

对 cA_2 进行第三层小波变换，cD_3 包含的是三层小波变换的高频成分，cA_3 中包含的是三层小波变换的低频成分。最终的变换结果为：cA_3 是整个小波变化的低频主成分，cD_3、cD_2、cD_1 是频率成分依次增大的高频细节成分。小波变换的结果存储过程为：在 C 向量中首先存储低频主成分 cA_3 的系数，然后依次存储 cD_3、cD_2、cD_1 的系数，C 向量中相关系数的数量（个）依次存入 L 向量中，最后存储原始信号的数量（个）。

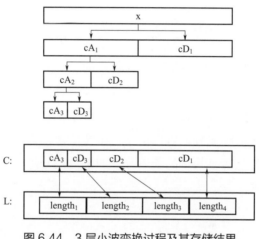

图 6.44　3 层小波变换过程及其存储结果

利用 MATLAB 中的 wrcoef 函数可以对原始信号各频率成分的信号进行重构，调用的格式为

$$x = wrcoef('type', C, L, 'wname', n)$$

式中，'type' 有 'a' 和 'd' 两种类型可供选择，'type' ='a' 表示重构低频主成分，'type' ='d' 表示重构高频细节成分。当 'type' ='a' 时，n 可以为 0；当 'type' ='d' 时，n 必须是一个具体的小于小波变换层数的正整数。

6.4.2　工况信息已知的小波变换能量管理控制策略

6.4.2.1　基波的种类与小波变换层数的确定

在 ADVISOR 仿真软件中配置好燃料电池汽车的相关参数以后，选择任意控制策略在 UDDS 工况下仿真一次，可以获得燃料电池汽车在 UDDS 工况下任意时刻的需求功率，如图 6.45 所示。针对波动剧烈的需求功率，如果直接让燃料电池直接提供每时刻的需求功率，燃料电池动态加载情况剧烈，同时会有较长的时间处于开路工作、怠速运行、低载运行和超载输出等不利于燃料电池使用寿命的环境中。运用小波变换算法，可以对燃料电池汽车的需求功率进行处理，提取出需求功率中的低频主成分，如图 6.45 和图 6.46 所示。

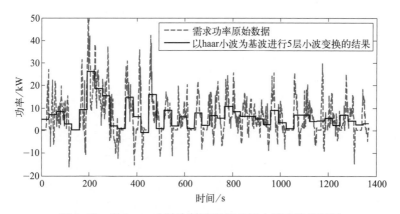

图 6.45　以 haar 小波为基波进行 5 层小波变换的结果

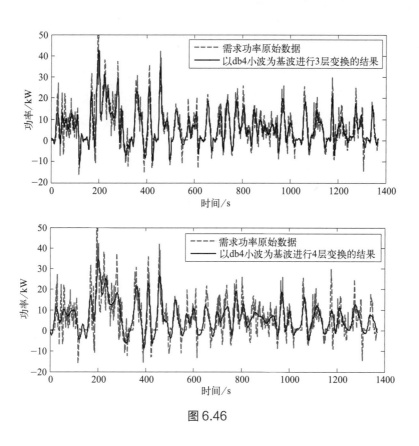

图 6.46

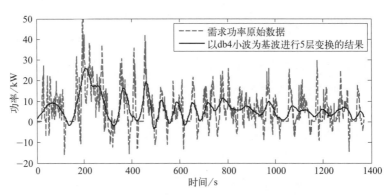

图 6.46　以 db4 小波为基波进行不同层小波变换的结果对比

关于基波的选取，对比采用 haar 小波和 db4 小波进行 5 层分解的结果，不难发现当采用 haar 小波作为基波时，低频主成分存在很严重的阶跃，这会造成两方面的不利结果：一方面，燃料电池较慢的动态响应特性使得燃料电池输出功率不能跟随阶跃信号；另一方面，由燃料电池在动态加载时的性能衰减机理分析可知，在功率大幅度变动时，燃料电池很容易出现反应气饥饿的现象，进而引起反极现象，造成燃料电池性能快速衰减。反观当采用 db4 小波作为基波时，提取出的低频信号变化平缓，不存在阶跃和明显突变的情况。如果将提取出的低频信号让燃料电池输出，采用 db4 小波作为基波时对燃料电池寿命更为有利。

在确定采用 db4 小波之后，对 UDDS 工况中燃料电池汽车需求功率做不同层次的小波变换，变换结果如图 6.46 所示。分析不难发现，当变换层数越少时，提取出的低频主成分越能跟随原始信号，但同时波动较大；当变换层数越多时，所提取出的低频主成分越平缓，波动较小。当对需求功率进行 5 层变换时，能过滤掉绝大多数的快速功率波动，使信号变得平缓，同时变换后的信号也能在一定程度上跟随原始信号。因此，在行程工况已知的情况下，选择对需求功率信号进行 5 层小波变换最为合适。

综上所述，在工况提前已知的情况下，本书采用 db4 小波作为基波对燃料电池汽车整车需求功率信号进行 5 层小波变换，提取出其中的低频主成分信号，作为燃料电池的功率输出信号，其余的高频信号作为蓄电池的输出功率。

对需求功率原始信号进行 5 层小波变换，各频率阶次成分如图 6.47 所示，其中 x 表示原始信号，a_5 表示进行 5 层小波变换之后保留的低频主成分，$d_1 \sim d_5$ 表示每一层小波变换所提取出的高频成分。

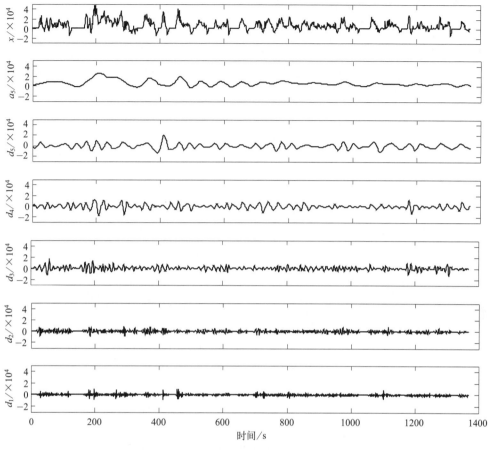

图 6.47　5 层小波变换各频率阶次成分

6.4.2.2　小波变换能量管理控制策略 Simulink 模型的建立及仿真分析

（1）燃料电池动态响应特性分析

燃料电池较慢的动态响应特性对能量管理控制策略的制定具有一定的限制，在动态响应特性已知的情况下，能量管理控制策略应当在其动态响应能力范围内制定，本书所采用的燃料电池动态响应特性如图 6.48 所示。

由图 6.48 可知，燃料电池功率越低，动态响应越快，从怠速状态全力加速输出功率，第 1s 时能输出 5.8kW，第 5s 时能输出 22.5kW；输出功率越高，动态响应越慢，从 40kW 升高至 45kW 需要 10s 的时间。

将功率增长速率与燃料电池输出功率的关系保存在查询表中，建立对应的功率增长速率限制模块的 Simulink 模型，如图 6.49 所示。

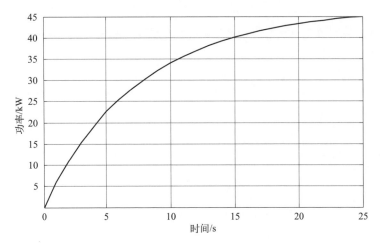

图 6.48　燃料电池动态响应特性

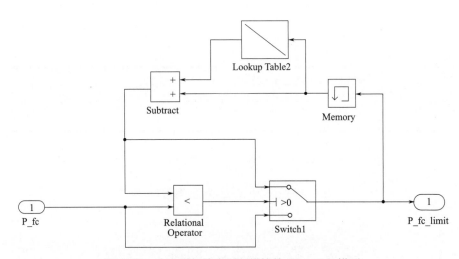

图 6.49　功率增长速率限制模块的 Simulink 模型

（2）小波变换能量管理控制策略 Simulink 模型的建立

由于燃料电池的化学反应具有不可逆性，不能吸收制动回馈的能量，只能输出大于 0 的功率，因此将进行 5 层小波变换之后保留的低频主成分中大于 0 的成分作为燃料电池的输出功率，所有的高频成分和低频成分中小于 0 的部分之和作为蓄电池的输出功率，如图 6.50 所示。对于蓄电池而言，当功率大于等于 0 时表示放电，SOC 降低；当功率小于 0 时表示充电，SOC 上升。蓄电池充电时，能量可能来自制动能量回收，也有可能来自燃料电池。

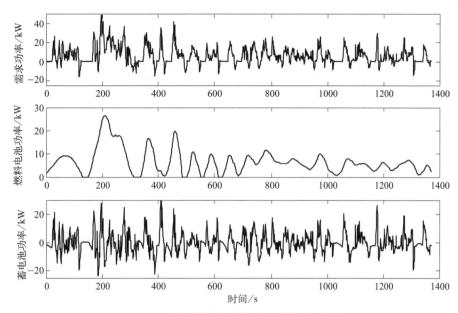

图 6.50　小波变换能量管理控制策略分配结果

建立将以上小波变换能量管理控制策略扩展至整个续驶里程之中的 Simulink 仿真模型，如图 6.51 所示。

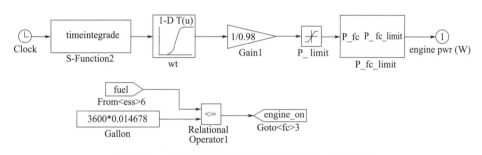

图 6.51　小波变换能量管理控制策略 Simulink 模型

控制策略的 Simulink 仿真模型分为两个部分，第一个部分决定燃料电池的输出功率，第二个部分决定燃料电池的启停状态。在第一部分中，一维查询表中保存着一个 UDDS 工况对应的燃料电池每时刻的输出功率，S 函数模块保证每一个 UDDS 工况都按照查询表中的数据输出功率，S 函数中所包含的程序如下所示。S 函数模块的输出值乘以一个考虑 DC/DC 转换器效率的大于 1 的系数，然后被限定在其能力范围 0 ~ 45kW 之间，最后被燃料电池的动态响应特性所限定，被限定后的结果作为最终的燃料电池输出功率。整车需求功率减去燃料电池的输出功率即为蓄电池的输出功率。模型的下半部分规定了燃料电池储氢系统的最大储氢量为 3.6kg，且只要氢气还没有用尽，燃料电池就处于开机状态。

S 函数内容：

```
function [sys, x0, str, ts]=timeintegrade(t, x, u, flag)
switch flag,
    case 0,
        [sys, x0, str, ts]=mdlInitializeSizes;
    case 1,
        sys=[];
    case 2,
        sys=[];
    case 3,
        sys=mdlOutputs(t, x, u);
    case 4,
        sys=[];
    case 9,
        sys=[];
    otherwise
        error([ 'Unhandled flag =', num2str(flag)]);
end
function [sys, x0, str, ts]=mdlInitializeSizes % 初始化
sizes=simsizes;
sizes.NumContStates=0;
sizes.NumDiscStates=0;
sizes.NumOutputs=1;   % 输出量数量
sizes.NumInputs=1;   % 输入量数量
sizes.DirFeedthrough=1;
sizes.NumSampleTimes=1;
sys=simsizes(sizes);
x0=[];
str=[];
ts=[0, 0];
function sys =mdlOutputs(t, x, u)  %S 函数计算内容
h=floor(u/1370);
u=u-1370*h;
sys=u;
```

（3）仿真分析

按照以上控制策略进行仿真分析，当储氢量为 3.6kg 时，在 UDDS 工况下，燃料电池汽车能运行 6.52h，续驶里程为 205.3km。在整个续驶里程中，燃料电池经历了 75.8668 个电流密度循环，启停了 1 次，工作在怠速或低功率的时间为 2.3858h，没有出现高功率输出的情况。按照式（5.28）～式（5.31）计算第三层评价指标的评分，结果如表 6.25 所示。

表 6.25　4 种不利工况的仿真结果及评分

评价指标	电流密度变化累积量	启停次数 / 次	输出功率低于 4.42kW 的时间 /h	输出功率高于 35.75kW 的时间 /h
累积量	75.8668 个循环	1	2.3858	0
单位时间	11.6360 个循环	0.1534	0.3659	0
评分	0.2078 个循环	0.1534	0.3659	0

在模糊评价体系中，评价指标的评分越低表示情况越好（最好的情况评分为 0）。在 4 种不利工况中，高功率输出情况的评分为 0，说明在整个续驶里程中并没有出现高功率输出的情况，已经达到最优的状态。整个续驶里程中燃料电池启停次数为 1，也已经没有优化的空间。燃料电池动态加载情况的评分为 0.2078，相对于功率跟随策略中的评分 1.9326（见表 6.26）提升非常大，这说明将小波变换能量管理控制策略在减少燃料电池功率波动方面的有效性。另外，燃料电池怠速或低功率输出情况的评分为 0.3659，在 4 个不利工况的评分中最高，同时相比于功率跟随策略的 0.5167 而言提升的幅度不是很大，说明小波变换能量管理控制策略在减少怠速运行或低载输出的情况效果并不是很明显，有待改进。

表 6.26　功率跟随策略下 4 种不利工况的仿真结果及评分

评价指标	$eval_{31}$	$eval_{32}$	$eval_{33}$	$eval_{34}$	$eval_{21}$	$eval_{22}$	$eval_{23}$	$eval_{24}$
功率跟随	1.9326	0.1534	0.5167	0.0103	0.9259	1.0708	0.3758	0.2416
小波变换	0.2078	0.1534	0.3659	0	0.2431	0.3281	0.1298	0.0260

由公式（5.13）可以计算燃料电池各组件的评分，结果为

$$\text{component}=\begin{bmatrix}\text{eval}_{31} & \text{eval}_{32} & \text{eval}_{33} & \text{eval}_{34}\end{bmatrix}R$$

$$=\begin{bmatrix}0.2078 & 0.1534 & 0.3659 & 0\end{bmatrix}\begin{bmatrix}\dfrac{3}{8} & \dfrac{3}{8} & \dfrac{1}{8} & \dfrac{1}{8} \\[6pt] \dfrac{3}{5} & \dfrac{1}{5} & \dfrac{1}{5} & 0 \\[6pt] \dfrac{1}{5} & \dfrac{3}{5} & \dfrac{1}{5} & 0 \\[6pt] \dfrac{1}{2} & \dfrac{1}{2} & 0 & 0\end{bmatrix}$$

$$=\begin{bmatrix}0.2431 & 0.3281 & 0.1298 & 0.0260\end{bmatrix} \tag{6.57}$$

燃料电池关键组件的性能衰减情况的评分情况如表 6.27 所示，各关键组件的评分相比于功率跟随策略中的评分而言均有较大的提升，说明小波变换能量管理控制策略在保护燃料电池关键组件的使用寿命上作用明显，这主要是通过优化燃料电池的动态加载情况达到的。

表 6.27　燃料电池关键组件的性能衰减情况的评分情况

组件	催化剂（eval_{21}）	质子交换膜（eval_{22}）	气体扩散层（eval_{23}）	双极板（eval_{24}）
评分	0.2431	0.3281	0.1298	0.0260

燃料电池性能衰减情况的评分等于各关键组件的评分与其权重的乘积的总和，即

$$\text{eval}_{\text{life}}=\sum^{4}\text{weight}_{2i}\times\text{eval}_{2i}=0.2501 \tag{6.58}$$

策略的经济性评分

$$\text{eval}_{\text{economy}}=\frac{275-205.3}{71.1}=0.9803 \tag{6.59}$$

策略的综合评分

$$\text{eval}=\text{weight}_{\text{life}}\times\text{eval}_{\text{life}}+\text{weight}_{\text{economy}}\times\text{eval}_{\text{economy}}=0.4327 \tag{6.60}$$

为了方便对比，给出功率跟随控制策略的相关参数和评分，最大续驶里程为 203.9km，用时 6.4722h。

燃料电池性能衰减情况的评分为 $\text{eval}_{\text{life}}=0.8743$；策略的经济性评分为 $\text{eval}_{\text{economy}}=1$；策略的综合评分 $\text{eval}=0.9057$。

相对功率跟随而言，燃料电池性能衰减的评分由 0.8743 降低至 0.2501，降低

幅度达到 71.39%，说明小波变换能量管理控制策略在保护燃料电池使用寿命方面的有效性。策略经济性的评分由 1 减小至 0.9803，续驶里程的提升非常有限，几乎可以忽略，说明小波变换能量管理控制策略的经济性有待进一步的改进。策略的综合评分由 0.9057 降低为 0.4327，说明小波变换能量管理控制策略相比于功率跟随控制策略更为优秀。

6.4.2.3　小波变换能量管理控制策略的改进及仿真分析

（1）改进方向

综上，针对 UDDS 工况的小波变换能量管理控制策略存在以下问题。

① 小波变换能量管理控制策略主要的优化方向是改善燃料电池的动态加载情况，效果十分明显，但仍有提升的空间。怠速或低载运行的情况优化幅度有限，提升的空间较大。

② 续驶里程相比于动态规划算法还有较大的差距，相比于功率跟随策略而言也没有明显的提升。查看燃料电池工作点效率分布图（图 6.52），可知续驶里程较短的原因是燃料电池过多地工作在低效率区，其中某些区域与燃料电池低载运行的区间重合。燃料电池的平均工作效率为 35.61%。

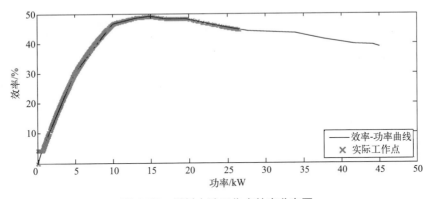

图 6.52　燃料电池工作点效率分布图

③ 蓄电池 SOC 一直呈现出下降的趋势，行程结束时已经下降至 0.3，不处于合理的范围之内，如图 6.53 所示。

（2）改进型小波变换能量管理控制策略仿真模型的建立

针对以上问题，有必要对 UDDS 工况下的小波变换能量管理控制策略进行改进，改进之后的能量管理控制策略的 Simulink 模型如图 6.54 所示。

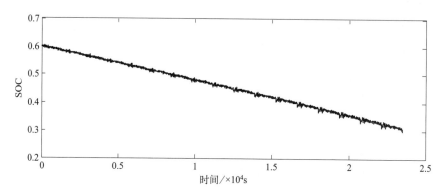

图 6.53　整个续驶里程中蓄电池 SOC 变化情况

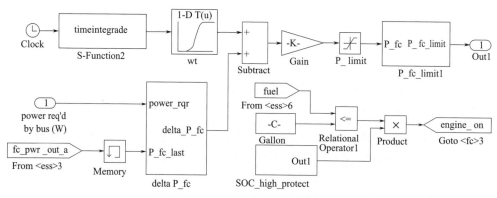

图 6.54　改进型小波变换能量管理控制策略的 Simulink 模型

主要的改进措施包括以下三点。

① 加入功率限制模块限制燃料电池的最低输出功率，当燃料电池需求的输出功率较低时，输出一个较大的功率，给蓄电池充电，以提升燃料电池的工作效率，提高续驶里程，同时能避免低载荷输出，也能在一定程度上减轻燃料电池输出功率的波动情况。最低输出功率值将通过代入一系列的值进行仿真，并选择使燃料电池策略评分最高的值作为最终的燃料电池最低输出功率值，这个过程将在后文详细介绍。

② 为了减少燃料电池的启停次数，设置一个模糊逻辑模块用于调整燃料电池的输出功率，维持蓄电池的 SOC。

考虑蓄电池 SOC 维持的模糊逻辑模块如图 6.55 所示，第一个输入是蓄电池 SOC，第二个输入是前 5 个时刻整车需求功率的平均值与燃料电池输出功率平均值的差值（$P_{rqr}-P_{fc}$），输出为一个大小在区间 [-1，1] 的一个系数，此系数反映了对燃料电池增加或减少输出功率的急切程度，当系数小于 0 时表示减小燃料电池的输出功率，当系数大于 0 时表示增加燃料电池的输出功率。此系数与燃料电池此时的最大功率上升速率相乘得到燃料电池的调整功率，此调整功率综合考虑了 SOC、$P_{rqr}-P_{fc}$ 和燃料电池在当前输出功率下的功率变动能力等三个因素。

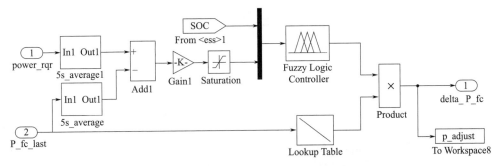

图 6.55　考虑蓄电池 SOC 维持的模糊逻辑模块

蓄电池 SOC 和 $P_{rqr}-P_{fc}$ 的隶属度函数如图 6.56 及图 6.57 所示。

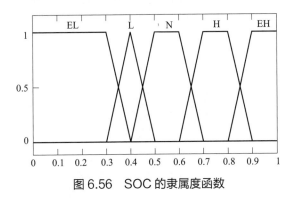

图 6.56　SOC 的隶属度函数

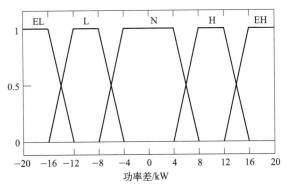

图 6.57　$P_{rqr}-P_{fc}$ 的隶属度函数

由于模糊逻辑控制模块的两个输入都模糊化为 5 个等级，因此总共有 25 条控制规则，模糊逻辑的控制思想是当 SOC 大、$P_{rqr}-P_{fc}$ 小时减小燃料电池的输出功率，当 SOC 小、$P_{rqr}-P_{fc}$ 大时增大燃料电池的输出功率。模糊逻辑控制规则如表 6.28 所示，模糊逻辑控制器输出曲面如图 6.58 所示。

表 6.28　模糊逻辑控制规则

模糊逻辑控制规则		SOC				
		EL	L	N	H	EH
$P_{rqr}-P_{fc}$	EL	0	−0.5	−1	−1	−1
	L	0.5	0	−0.5	−1	−1
	N	1	0.5	0	−0.5	−1
	H	1	1	0.5	0	−0.5
	EH	1	1	1	0.5	0

注：数字"1"表示燃料电池以最大的功率上升速度输出；数字"0.5"表示燃料电池以最大的功率上升速度的一半输出；数字"0"表示燃料电池以原功率输出；数字"−0.5"表示燃料电池以最大的功率下降速度的一半输出；数字"−1"表示燃料电池以最大的功率下降速度输出。

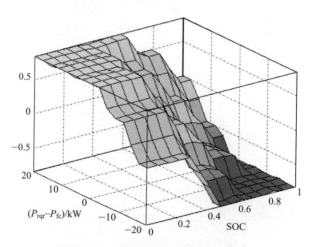

图 6.58　模糊逻辑控制器输出曲面

为了说明控制模块的有效性，将初始 SOC 分别设置为 0.4 和 0.8，在 1 个 UDDS 工况中，不同初始 SOC 下模糊逻辑模块输出的调整功率如图 6.59 所示，可知当初始 SOC 为 0.4 时，调整功率平均值为正，提高燃料电池的输出功率以提升蓄电池 SOC；当初始 SOC 为 0.8 时，调整功率平均值为负，降低燃料电池的输出功率以降低蓄电池 SOC。

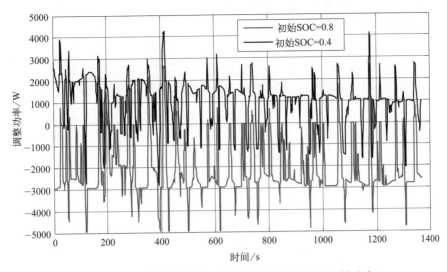

图 6.59　不同初始 SOC 下模糊逻辑模块输出的调整功率

③ 由于限定了燃料电池的最小输出功率，当燃料电池汽车长时间处于低速运行状态时，蓄电池的 SOC 会连续上升。在这种情况下，参考恒温器控制策略的控制思想，当蓄电池 SOC 达到 0.9 时，燃料电池停机，此时由蓄电池提供所有的功率，进入纯电动工作状态，待蓄电池 SOC 下降至 0.4 时再让燃料电池正常输出功率。改进的燃料电池启停模块的 Simulink 模型如图 6.60 所示。

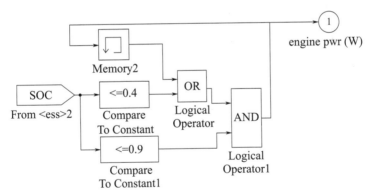

图 6.60　改进的燃料电池启停模块的 Simulink 模型

（3）改进型小波变换能量管理控制策略仿真分析

由于将输出功率小于 4.42kW 的工作点都认为是处于低载输出状态，而燃料电池在 14.5kW 时效率最高，因此分别以 5kW、8kW、9kW、10kW、11kW、12kW以及 14.5kW 作为燃料电池的最低输出功率阈值进行仿真分析，评价体系中各层的评分如图 6.61～图 6.63 所示。

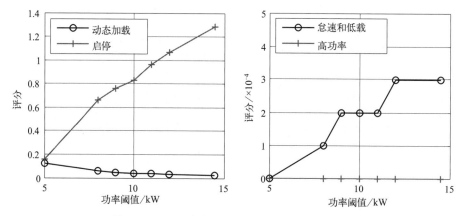

图 6.61　不同功率阈值下 4 种不利工况的评分

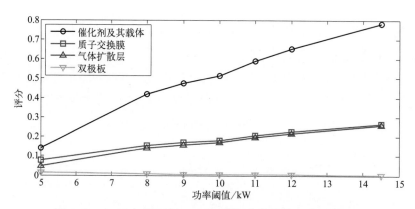

图 6.62　不同功率阈值下 4 种关键组件性能衰减情况的评分

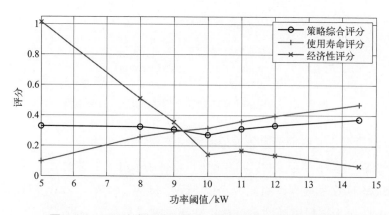

图 6.63　不同功率阈值下综合、使用寿命和经济性的评分

由于控制策略将功率阈值以下的功率波动全部过滤掉，因此随着功率阈值的增大，燃料电池的动态加载评分逐渐降低；当功率阈值增大时，燃料电池的输出功率增大，蓄电池充电速率加快，造成燃料电池启停次数增加，评分降低；功率阈值的增大对燃料电池高功率输出的情况不会造成影响，对低载荷运行的情况造成的影响可以忽略，燃料电池高功率输出和低载荷运行的情况几乎已经达到最优，评分接近或等于0。

随着功率阈值的增大，除了双极板性能衰减情况的评分逐渐降低之外，策略对其余3个关键组件性能衰减情况的评分都逐渐提高，且催化剂及其载体性能衰减情况的评分增长幅度最高，这是由于燃料电池启停能引起这3个关键组件的性能衰减，特别是引起催化剂及其载体的性能衰减，而不会引起双极板的性能衰减，只有燃料电池动态加载能引起双极板的性能衰减，由于燃料电池动态加载情况评分的逐渐降低，双极板性能衰减情况的评分也逐渐降低。

随着功率阈值的增大，燃料电池使用寿命的评分逐渐增大，说明在分析范围内功率阈值越小，燃料电池寿命越长久。随着功率阈值的增大，经济性的评分逐渐降低，说明在分析范围内功率阈值的值越大，经济性越好。经过对燃料电池寿命评分和经济性评分的加权计算，策略的综合评分先逐渐减小，然后逐渐增大，在功率阈值为10kW时取得最小值0.2698。因此，将10kW设置为改进策略最终的功率阈值。

当功率阈值为10kW时，仿真结果如表6.29所示，改进前后各评价指标的评分对比如图6.64所示。

表6.29　功率阈值为10kW时的仿真结果

评价指标	动态加载	启停/次	低载/h	高功率/h	里程/km
仿真值	18.16个循环	7	0.0019	0	264.9

如图6.64所示，相比于改进前，改进后的策略在稍微牺牲燃料电池的使用寿命的情况下在经济性上取得了巨大的提升，燃料电池使用寿命的评分由0.2501提高到0.3123，经济性评分由0.9803降低为0.1421，策略的加权综合评分由0.4327减小为0.2698。

分析各工况的评分可知，改进后的策略只在燃料电池启停次数上有较大的增加，动态加载情况降低为0.0386这一非常低的分数，可提升的空间已经非常小。在另外两个不利工况上改进后的策略已经达到最优的情况，没有提升的空间。因此，如果采用此能量管理控制策略，在以后应当首先研究减轻启停循环中燃料电池的性能衰减。

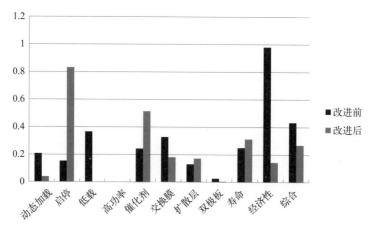

图 6.64　小波变换能量管理控制策略改进前后各评价指标评分对比

分析各组件的评分可知，改进后的策略对燃料电池催化剂及其载体的性能衰减影响最大，其次为质子交换膜和气体扩散层，几乎未造成双极板的性能衰减。因此，如果采用此能量管理控制策略，在以后应当首先研究如何减小催化剂及其载体的性能衰减，其次研究如何减小质子交换膜和气体扩散层的性能衰减。

由以上分析可知，此多层次模糊评价体系能指导能量管理控制策略的优化方向，也能指导燃料电池组件性能衰减情况的研究方向。

6.4.3　实时小波变换能量管理控制策略

6.4.3.1　实时控制策略的要求

上文所述基于动态规划算法和基于小波变换的能量管理控制策略都需提前已知工况信息，在提前已知工况信息的前提下对燃料电池需求功率进行一定的分析，结合燃料电池动力源的相关特性，提前规划出燃料电池的输出功率，从而达到一个比较好的效果。然而在实车运用时并不能提前预知工况信息，有学者指出借助 GPS 等车载定位设备收集周围路况信息，可以对未来短时间内的工况做出预测，但道路状况瞬息万变，容易出现突发状况，要准确地进行预测很难实现。就算工况信息能准确地进行预测，一些先进的控制算法也很难在现有控制器上完成相关的计算，如前文所述的动态规划能量管理控制算法，在 8 核计算机上对一个 NEDC 进行精确的规划也需要超过 12h 的时间，如果不进行改进或简化根本不可能运用在实车上。

现阶段运用在燃料电池汽车整车控制器中的能量管理控制策略几乎全是基于

规则的能量管理控制策略，如功率跟随能量管理控制策略和恒温器能量管理控制策略等，或者是一些能提前进行优化并将优化结果通过数据表的形式保存在控制器中的较为先进的控制策略，如瞬时优化能量管理控制策略等。本书的最终目标也是要提出一种能够实现实时控制、能运用在实车上的、考虑燃料电池寿命保护和燃料经济性的能量管理控制策略。

结合前文所述的影响燃料电池使用寿命的相关机理、燃料电池的动态响应特性、燃料电池功率特性以及控制的实时性，归纳出所提控制策略的相关要求：

① 满足整车动力性要求，包括百公里加速时间、最大爬坡度和最高车速；

② 燃料电池输出功率波动尽可能小，功率波动要满足其动态响应特性；

③ 燃料电池启停次数尽量少，蓄电池 SOC 维持在较合理的范围；

④ 减少燃料电池低载、开路、怠速和高功率运行时间；

⑤ 维持较高的燃料经济性；

⑥ 对工况具有较强的适应能力，能在极端工况下正常运行。

6.4.3.2 实时小波变换能量管理控制策略仿真模型的建立

在如图 6.65 所示的实时小波变换能量管理控制策略中，燃料电池的输出功率由 5 大模块共同决定，这 5 大模块包括基准功率模块、调整功率模块、低 SOC 保护模块、高 SOC 保护模块和功率限制模块。

（1）基准功率模块

基准功率模块的 Simulink 模型如图 6.66 所示，其封装模型在完整控制策略模型的区域 A。基准功率模块的基本原理是：将前 16 个采集的功率需求进行 5 层小波变换，提取出低频主成分，并将低频主成分中最后一个数据作为燃料电池输出功率的基准值。为了进一步减缓燃料电池的功率波动，对前 5 个时刻的功率基准值取平均，作为最终的功率基准值。

（2）调整功率模块

与改进型能量管理控制策略中一样，为了减少燃料电池的启停次数，设置一个模糊逻辑模块用于调整燃料电池的输出功率，减缓蓄电池 SOC 的变化速率。此模糊逻辑模块根据蓄电池 SOC、蓄电池的输出功率和燃料电池的动态响应特性 3 个因素进行综合判断，在 SOC 低、蓄电池输出功率大时让燃料电池多输出功率，在 SOC 高、蓄电池输出功率小时少输出功率。模糊逻辑控制模块的仿真模型如图 6.55 所示，其具体参数已有详细的阐述。调整功率模块的封装模型在完整控制策略模型的区域 B。

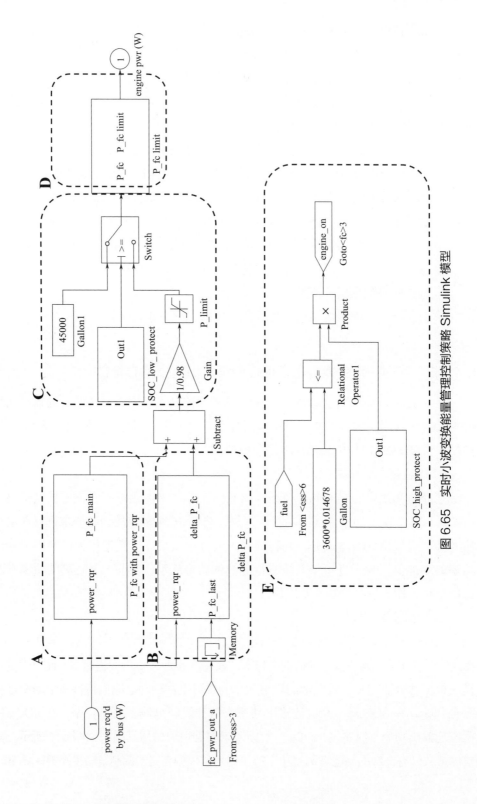

图 6.65 实时小波变换能量管理控制策略 Simulink 模型

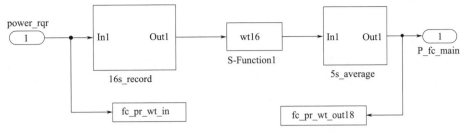

图 6.66　基准功率模块的 Simulink 模型

（3）低 SOC 保护模块

蓄电池的最大输出功率随着 SOC 的降低而降低，同时蓄电池在低 SOC 区的充放电效率都显著下降。因此，为了保证燃料电池汽车的动力性，提高燃料电池混合动力系统的效率，同时保证蓄电池供能的延续性，当蓄电池 SOC 快接近许用 SOC 下限时，燃料电池应当全力给蓄电池充电。本书所采用的策略为：只要蓄电池 SOC 低于 0.35，无论整车需求功率大小如何，燃料电池均输出最大功率 45kW，直到蓄电池 SOC 到达 0.6 这一安全值为止。调整功率模块的 Simulink 仿真模型如图 6.67 所示，其封装模型在完整控制策略模型的区域 C。

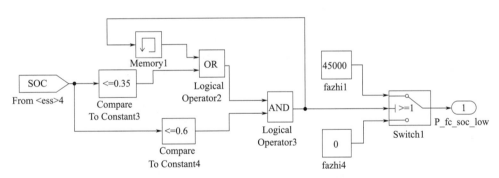

图 6.67　调整功率模块的 Simulink 仿真模型

（4）高 SOC 保护模块

对于功率型蓄电池，过充会影响其使用寿命，同时也会减少制动能量回收的容量，因此当蓄电池 SOC 较高时，应当防止燃料电池给蓄电池充电，同时蓄电池应当作为驱动的主要能源，直至蓄电池 SOC 下降至较低的安全值为止。实时小波变换能量管理控制策略中所采用的高 SOC 保护模块与改进型小波变换能量管理控制策略中所采用的保护模块一致，其仿真模型如图 6.60 所示，其封装模型在完整控制策略模型的区域 E。

（5）功率限制模块

与改进型小波变换能量管理控制策略一样，燃料电池的功率波动应当在其动态响应速率以内，其仿真模型如图 6.49 所示，其封装模型在完整控制策略模型的区域 D。

6.4.3.3　实时小波变换能量管理控制策略仿真分析

在 UDDS 工况时，实时控制策略下燃料电池输出功率对比如图 6.68 所示，为了清晰地观测两者之间的差别，单独将需求功率变化迅速的 150 ～ 300s 的对比情况显示在图 6.69 中。

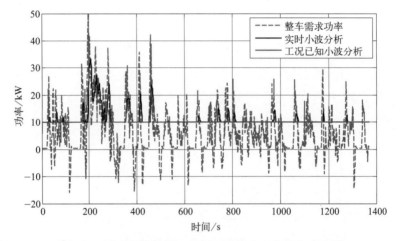

图 6.68　实时控制策略下燃料电池输出功率对比（彩图）

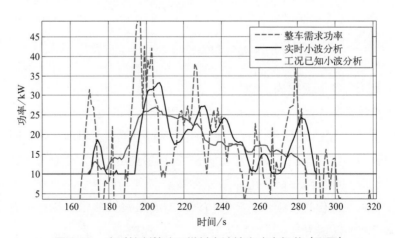

图 6.69　实时控制策略下燃料电池输出功率细节（彩图）

分析可知，相比于已知工况的小波变换能量管理控制策略，实时小波变换能量管理控制策略下的燃料电池功率输出情况有以下 3 个特征。

① 由于实时小波变换能量管理控制策略分析的数据只有前 16 个采样时刻的数据，能分析的数据量少了许多，导致燃料电池动态加载情况的加剧。

② 整车需求功率对燃料电池输出功率的影响加剧，燃料电池输出功率对整车需求功率的变化更加敏感，能更好地跟随整车需求功率的变化。

③ 燃料电池输出功率对整车需求功率的跟随具有一定的延迟，延迟的时间长短不一，这与小波变换算法舍弃掉变化迅速的高频信号，只保留低频主成分的算法本身有关。虽然有延迟，但由于蓄电池的存在，并不会影响其动力性。

在实时小波变换能量管理控制策略下，燃料电池汽车在 UDDS 的整个续驶里程中，实时控制策略的仿真结果如表 6.30 所示，其评分如表 6.31 所示。

表 6.30　实时控制策略的仿真结果

评价指标	动态加载（循环）	启停 / 次	低载 /h	高功率 /h	里程 /km
仿真值	51.94	8	0	0	260.1

表 6.31　实时控制策略仿真结果的评分

评价指标	动态加载	启停	低载	高功率	催化剂	交换膜	扩散层	双极板
评分	0.1128	0.973	0	0	0.6261	0.2369	0.2087	0.0141

燃料电池性能衰减情况的评分为 $eval_{life} = 0.3872$；策略的经济性评分为 $eval_{economy} = 0.2107$；策略的综合评分为 $eval = 0.3431$。

为了更加清晰地对比实时控制策略、工况已知的控制策略以及功率跟随控制策略中各评价指标的评分情况，绘制了评分的柱状图，如图 6.70 所示。

由图 6.70 可知，3 种能量管理控制策略的寿命评分、经济性评分和综合评分对比为：工况已知 < 实时控制 < 功率跟随，说明在 3 种能量管理控制策略中，工况已知的小波变换能量管理控制策略性能最优，实时小波变换能量管理控制策略次之，功率跟随能量管理控制策略性能最差，此规律在燃料电池性能衰减和经济性上具有高度的统一性。同时，实时小波变换能量管理控制策略在燃料电池使用寿命、经济性上相比于功率跟随能量管理控制策略都有极大的提升，

说明小波变换能量管理控制策略能有效保护燃料电池的使用寿命和提高燃料经济性。

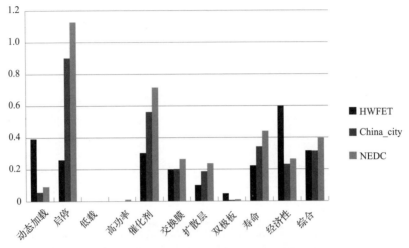

图 6.70 各评价指标在不同控制策略下的评分对比

在 UDDS 工况中，实时控制策略对燃料电池性能衰减程度的评分由工况已知的小波变换能量管理控制策略的 0.3123 提高至 0.3872，增长幅度为 24.0%，说明在实时控制策略中燃料电池的性能衰减程度是工况已知小波变换策略的 1.24 倍；在燃料经济性的评分上由 0.1421 提高至 0.2107，提升幅度为 48.26%，说明在工况已知的小波变换能量管理控制策略下，燃料电池汽车能多行驶 0.4826×71.2=34.36(km)。由此可见，为了实现实时性，控制策略在保护燃料电池使用寿命和提升动力系统的燃料经济性上都做出了一定的妥协。

在 UDDS 工况中，就 4 种燃料电池不利工况的评分而言，实时控制策略在动态加载和启停次数上的评分都高于工况已知的小波变换能量管理控制策略，但提高的幅度并不大。燃料电池怠速或低载运行和高功率输出的评分在两种策略下都能取得近似最低的评分。因此，小波变换能量管理控制策略在实时运用的过程中在燃料电池动态加载和启停循环次数上做出了一定的妥协。同时，两种工况的评分相差加大，启停循环对燃料电池性能衰减贡献最大，如果采用实时小波变换能量管理控制策略，在以后应当着重研究减轻启停循环中燃料电池的性能衰减。

燃料电池 4 个关键组件性能衰减程度的评分在实时控制策略中均比在工况已知的小波变换能量管理控制策略中高。同时，在实时控制策略的控制下，催化剂及其载体的性能衰减情况最为严重，对燃料电池堆的性能衰减贡献最大，如果采用实时小波变换能量管理控制策略，以后应当着重研究如何减少催化剂及其载体的性能衰减。

6.4.3.4 实时小波变换能量管理控制策略的实用性

为了说明本书提出的实时小波变换能量管理控制策略的实用性，下面将检验燃料电池汽车能否达到要求的动力性指标，以及介绍燃料电池汽车在其他典型工况中的运行情况。

（1）动力性检验

① 百公里加速时间。百公里加速时间的仿真结果如图6.71所示，百公里加速时间为12.0s，小于14s，满足百公里加速时间指标。

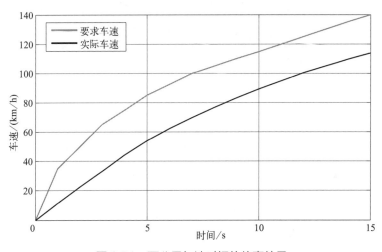

图6.71　百公里加速时间的仿真结果

② 最高车速。最高车速的仿真结果如图6.72所示，最高车速为152.36 km/h，大于150km/h，满足最高车速性能指标。

因此，实时小波变换能量管理控制策略能满足百公里加速时间和最高车速等动力性能指标，是一种实用的控制策略。

（2）其他典型工况的仿真结果

一种能运用于实车的能量管理控制策略应当能适应不同的工况，下面介绍实时小波变换控制策略在常见工况中的表现及评分，仿真工况包括高速公路工况（HWFET）、中国城市工况（China_city）和新欧洲工况（NEDC），其仿真结果及对应的结果评分如表 6.32 和图 6.73 所示。

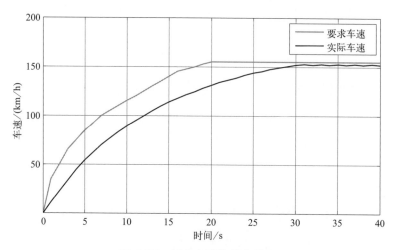

图 6.72　最高车速的仿真结果

表 6.32　典型工况下的仿真结果

评价指标	动态加载	启停 / 次	低载 /h	高功率 /h	里程 /km
HWFET	65.6679 个循环	1.0000	0	0	297.5
China_city	27.4825 个循环	10.0000	0	0.0019	257.8
NEDC	31.5956 个循环	8.0000	0	0.0914	261.5

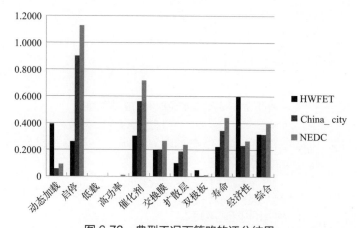

图 6.73　典型工况下策略的评分结果

　　分析表 6.32 和图 6.73 中的结果可知，实时小波变换能量管理控制策略在 HWFET 工况、China_city 工况和 NEDC 工况中均适用，策略的综合评分均在 0.4 以下，其中策略在 China_city 工况中的综合评分最低，为 0.3154，说明策略的评分与工况有一定的关系。另外，在实时小波变换能量管理控制策略下，燃料电池汽车在 HWFET 工况、China_city 工况和 NEDC 工况中的续驶里程分别为297.5km、257.8km 和 261.5km，均处于较高的水平，说明所提策略的经济性总能保持在较高的水平。

燃料电池寿命的评分在不同工况中也有一定的差距，燃料电池在 HWFET 工况中性能衰减速率最慢，在 NEDC 工况中性能衰减最快。在 HWFET 工况中，性能衰减主要是由于动态加载而导致的，所以针对此工况制定策略时应当特别注意减少燃料电池输出功率的波动；而在 China_city 工况和 NEDC 工况中，性能衰减主要是由于燃料电池的启停循环而导致的，因此在针对这两种工况设计策略时应当特别注意减少燃料电池的启停次数。在所有工况中，燃料电池关键组件的衰减情况保持高度的一致性，均为催化剂及其载体的衰减 > 质子交换膜的衰减 > 气体扩散层的衰减 > 双极板的衰减，因此在研究燃料电池关键组件的性能衰减情况时应当着重地研究催化剂及其载体的性能衰减。

6.5
考虑燃料电池动态响应的全局优化能量管理策略

动态规划是研究最优能量管理策略最常用的方法，在行驶工况已知时，使用动态规划求解能量管理问题能获得全局最优解。目前文献中建立的动态规划在考虑燃料电池动态响应时，将燃料电池的变化率作为动态规划的不等式约束，但是在选取惩罚因子时需要进行大量尝试，且功率变化的限制值选取缺乏依据。为了解决这一问题，本节首先用动态规划理论建立能量管理策略的最优控制问题，然后根据前文得到的燃料电池功率变化率曲线改进动态规划的寻优求解过程，最后通过仿真验证所提出的考虑燃料电池动态响应的动态规划的性能。

6.5.1　基于动态规划的能量管理策略

动态规划（DP）是运筹学的分支之一，是用来求解多阶段决策过程的最优控制方法。多阶段决策是指将一个完整的过程离散分解成若干阶段，在每一阶段都做出使整个过程性能最优的决策。动态规划的理论基础是美国学者贝尔曼提出的最优控制原理。DP 的求解过程为：根据具体问题得出哈密顿 - 雅可比方程；然后求解该方程和建立的代价函数，得到控制变量的最优控制规律。动态规划能将等式或不等式约束转化为代价函数中的惩罚项，因此在处理控制函数受不等式约束的问题时特别有效。

在燃料电池的能量管理问题中，动态规划要求解的问题是针对给定的行驶工况，在满足系统约束的前提下，规划出使系统代价函数最小的最优 SOC 曲线和燃料电池功率曲线。燃料电池汽车能量管理问题的代价函数为行驶中的燃油消耗量，其中燃油消耗量分为燃料电池的耗氢量和蓄电池的耗电量。在求解时，一般将蓄电池的耗电量转化为等效氢耗量，计算总的氢耗量。

在最优控制问题中，将燃料电池需求功率 P_{fc} 作为控制变量，蓄电池 SOC 作为状态变量，系统的状态方程可以表示为

$$\dot{SOC} = -\eta_C \frac{I_{bat}}{C_{bat}} \tag{6.61}$$

由蓄电池模型可知蓄电池电流是 SOC 和燃料电池功率的函数，即 $I_{bat} = f(SOC, P_{fc})$，所以有

$$\dot{SOC} = f(SOC, P_{fc}) \tag{6.62}$$

根据最优控制原理，动态规划的代价函数为

$$J = \sum_{k=1}^{n} \{ \dot{m}_{fc}[P_{fc}(k)]\Delta t + \dot{m}_{bat}[SOC(k), P_{bat}(k)]\Delta t \} \tag{6.63}$$

式中，$\dot{m}_{fc}$ 为燃料电池的氢耗量；$\dot{m}_{bat}$ 为蓄电池的等效氢耗量。

燃料电池的氢耗量计算为

$$\dot{m}_{fc}[P_{fc}(k)] = \frac{1}{E_{H_2}} \int \frac{P_{fc}(k)}{\eta_{fc}(k)} dt \tag{6.64}$$

式中，E_{H_2} 为氢气的低热值，取 120000J/g；η_{fc} 为燃料电池的效率。

燃料电池效率与功率的关系如图 6.74 所示。

蓄电池等效氢耗量的计算对于经济性的研究很重要，已有文献对蓄电池的等效氢耗量计算进行了研究。张涛等对等效氢耗量的计算方法如式（6.65）所示，该计算方法简单，但是没有考虑蓄电池和 DC/DC 转换器的效率，采用的燃料电池效率为平均效率，计算精度较差。王天宏等对等效氢耗量的计算方法如式（6.66）所示，该方法考虑了蓄电池的充放电效率和 DC/DC 转换器的效率，可以实时计算等

效氢耗量，但是计算中没有考虑到蓄电池本身的效率比燃料电池高很多这一事实，因此该计算方法计算出的等效氢耗量也不准确。而且公式中的参数需要通过实验拟合，不能直接由模型和数据得到，计算复杂。徐梁飞等的计算方法如式（6.67）所示，该计算方法不仅考虑了蓄电池的充放电效率，而且考虑了蓄电池和燃料电池效率的不同，本书蓄电池等效氢耗量的计算采用式（6.67）的方法。

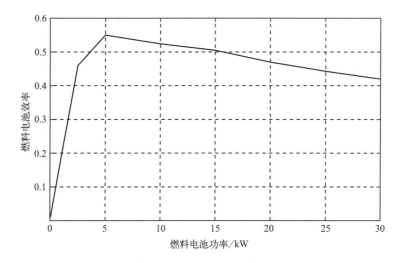

图 6.74　燃料电池效率与功率的关系

$$\delta_{H_2} = \frac{E \times 3.6 \times 10^6}{E_{H_2} \times 10^3 \times \overline{\eta}_{fc}} \tag{6.65}$$

式中，δ_{H_2} 为蓄电池的等效氢耗量；E 为蓄电池容量；$\overline{\eta}_{fc}$ 为燃料电池的平均效率。

$$\delta_{H_2} = \begin{cases} \dfrac{mP_{DC}}{\eta_{dis}\eta_{cha}\eta_{DC}^2} & P_{DC} > 0 \\[2ex] mP_{DC}\eta_{dis}\eta_{cha}\eta_{DC}^2 & P_{DC} < 0 \end{cases} \tag{6.66}$$

式中，m 为需要拟合的参数；P_{DC} 为与蓄电池相连的 DC/DC 转换器的输出功率；η_{dis}、η_{cha} 分别为蓄电池的放电电阻和充电效率；η_{DC} 为 DC/DC 转换器的效率。

$$\delta_{H_2} = \begin{cases} \dfrac{P_{bat}}{\eta_{dis}\eta_{cha,avg}} m_{fc,avg} & P_{DC} > 0 \\[2ex] P_{bat}\eta_{cha}\eta_{dis,avg} m_{fc,avg} & P_{DC} < 0 \end{cases} \tag{6.67}$$

式中，$\eta_{cha,avg}$、$\eta_{dis,avg}$ 分别为蓄电池的平均充放电效率；$m_{fc,avg}$ 为燃料电池的平

均瞬时氢耗量。

根据蓄电池 RINT 模型，蓄电池的充电效率和放电效率可以表示为

$$
\begin{cases}
\eta_{\mathrm{cha}} = \dfrac{U_{\mathrm{oc}}}{U_{\mathrm{oc}} - I_{\mathrm{bat}}R_{\mathrm{cha}}} = \dfrac{2}{1 + \sqrt{1 - 4\dfrac{R_{\mathrm{cha}}P_{\mathrm{bat}}}{U_{\mathrm{oc}}^2}}} \\[4mm]
\eta_{\mathrm{dis}} = \dfrac{U_{\mathrm{oc}} - I_{\mathrm{bat}}R_{\mathrm{dis}}}{U_{\mathrm{oc}}} = \dfrac{1 + \sqrt{1 - 4\dfrac{R_{\mathrm{dis}}P_{\mathrm{bat}}}{U_{\mathrm{oc}}^2}}}{2}
\end{cases}
\tag{6.68}
$$

将式（6.64）、式（6.67）、式（6.68）代入式（6.63）可计算得出代价函数。在求解该最优控制问题时，系统状态变量和控制变量等也会受到一些约束，具体的约束条件如式（6.69）所示。

$$
\begin{cases}
\mathrm{SOC}_{\min} \leqslant \mathrm{SOC} \leqslant \mathrm{SOC}_{\max} \\
P_{\mathrm{fc,min}} \leqslant P_{\mathrm{fc}} \leqslant P_{\mathrm{fc,max}} \\
P_{\mathrm{bat,min}} \leqslant P_{\mathrm{bat}} \leqslant P_{\mathrm{bat,max}} \\
P_{\mathrm{req}} = P_{\mathrm{fc}} + P_{\mathrm{bat}}\eta_{\mathrm{DC}} \\
\mathrm{SOC}(t_0) = \mathrm{SOC}(t_{\mathrm{f}}) = 0.6
\end{cases}
\tag{6.69}
$$

式中，$P_{\mathrm{fc,min}}$、$P_{\mathrm{fc,max}}$ 为燃料电池的最小和最大净输出功率，分别为 0 和 60kW；$P_{\mathrm{bat,min}}$、$P_{\mathrm{bat,max}}$ 为蓄电池的最小和最大输出功率分别为 -80kW 和 121kW（不超过 10s）；P_{req} 为整车需求功率。

项目用车为非插电式燃料电池汽车，设置系统边界条件为结束 SOC 等于初始 SOC。文献研究表明静置 SOC 越高，蓄电池容量衰减越快，因此选取结束 SOC 为 0.6。

动态规划算法求解框图如图 6.75 所示。

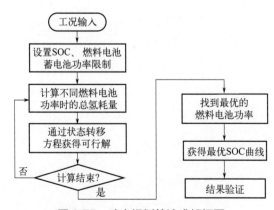

图 6.75　动态规划算法求解框图

6.5.2　考虑燃料电池动态响应能力的改进 DP

汽车的行驶工况通常非常复杂，整车的需求功率变化率很大。对于 US06 工况，最大的功率变化率可达 50kW/s。燃料电池虽然通过 DC/DC 转换器并入整车总线，但是 DC/DC 转换器作为高频开关器件，其响应速度非常快，响应时间在毫秒级。从燃料电池的动态响应能力曲线来看，取单堆燃料电池输出功率为 10kW，即双堆输出功率 20kW 的位置，每秒的功率响应最大约为 6kW/s，远远低于负载的变化率和 DC/DC 转换器的响应速度。所以当整车需求功率变化率大时，如果燃料电池的需求功率变化率也非常大，则燃料电池的实际功率无法跟随。因此，有必要在能量管理策略中考虑燃料电池的动态响应能力。

目前已发表的文献在考虑燃料电池的动态响应能力时，有两种方法：一种方法是通过小波变换将需求功率分为高频功率和中低频功率，由燃料电池输出中低频功率；另一种方法是限制燃料电池的功率变化率，在最优控制的代价函数中将燃料电池功率变化率作为惩罚项，该方法中功率变化率值的选取没有理论依据，惩罚函数中惩罚因子的选取也没有理论依据，通常需要大量尝试。此外，通过上述两种方法制定的能量管理策略也没有分析燃料电池是否能达到响应能力。

本小节将在 6.5.1 节建立的 DP 算法的求解寻优过程中加入燃料电池功率变化率限制，考虑动态响应的改进动态规划求解过程框图如图 6.76 所示。可以看到，改进后的 DP 算法（Improved DP，IDP）在计算不同燃料电池功率对应的氢耗量时，限制了燃料电池功率寻优范围，可以避免燃料电池相邻时刻的功率变化太大。

其中 $f_{min}[P_{fc}(t)]$、$f_{max}[P_{fc}(t)]$ 分别为由 t 时刻燃料电池功率决定的 $t+1$ 时刻燃料电池的最小功率和最大功率。$f_{max}[P_{fc}(t)]$ 的具体取值方法为：根据图 3.11，以单堆 t 时刻燃料电池功率为 15kW、双堆输出功率 $P_{fc}(t)=30$kW 为例，单堆的最大功率变化率为 2.8kW/s，则双堆的最大功率变化率为 5.6kW/s，动态规划算法求解的仿真步长为 1s，所以 $f_{max}[P_{fc}(t)]=P_{fc}(t)+5.6=35.6$(kW)。如前文所述，假设加载和减载斜率相同，则 $f_{min}[P_{fc}(t)]=P_{fc}(t)-5.6=24.4$(kW)。可以看到，改进后的 DP 算法直接在燃料电池功率寻优中根据上一时刻的功率进行了寻优范围的限制，不需要确定惩罚因子的值。

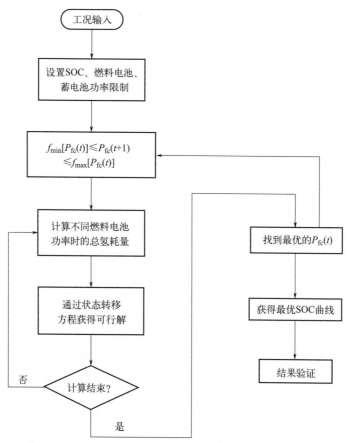

图 6.76　考虑动态响应的改进动态规划求解过程框图

6.5.3　仿真分析

本书选取的仿真工况为代表城市循环工况的 China_city 和 UDDS 工况以及代表高速工况的 HWFET 和 US06 工况。将 6.5.1 节和 6.5.2 节中建立的未考虑燃料电池动态响应的 DP 及考虑动态响应的 IDP 算法求解出的结果带入前文建立的 Simulink 仿真模型中的 ECU 模块，得到 4 种不同工况下燃料电池功率输出曲线和 SOC 曲线，如图 6.77 所示。

图 6.77 中，DP 表示不考虑燃料电池动态响应的动态规划算法；IDP 表示考虑燃料电池动态响应的动态规划算法；P_FC_req 表示能量管理策略计算出的燃料电池的需求功率；P_FC_act 表示燃料电池系统的实际输出功率。

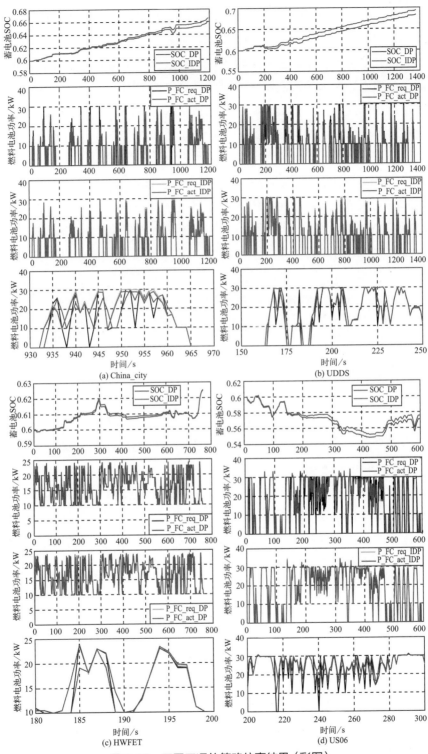

图 6.77　不同工况的策略仿真结果（彩图）

从图 6.77 可以看出，两种动态规划求解出的 SOC 曲线趋势相同，且都能将 SOC 维持在 0.6 附近。China_city 和 UDDS 两种工况代表了城市循环工况，这两种工况的行驶速度较低，需求功率较小，行驶过程中燃料电池有功率输出，且在某些情况下输出功率大于需求功率，因此燃料电池的输出功率除了为整车提供动力外，还给蓄电池充电，仿真结束后蓄电池的 SOC 有所增加。China_city 工况的终止 SOC 在 0.66 附近，UDDS 工况的终止 SOC 在 0.68 附近。虽然 SOC 有所增加，但是都没有超过 0.7。HWFET 和 US06 两种工况代表了高速工况，行驶速度较快，整车需求功率较大，除燃料电池输出功率外，蓄电池输出功率也较多。HWFET 工况的 SOC 先变大后变小，说明蓄电池先放电后充电，工况结束时 SOC 在 0.62 附近。US06 工况的整车需求功率更大，最大功率达到了 100kW，因此整个行程中蓄电池输出功率的时刻较多，整体 SOC 处于下降趋势，工况结束时 DP 和 IDP 的 SOC 在 0.57 附近。

下面分析两种动态规划算法求解出的燃料电池功率曲线。

城市循环工况以 China_city 工况为例，可以看出：当算法求解出的燃料电池的功率变化率较小时，如 China_city 第 2、3 张图中的 100～200s，两种动态规划算法求解出的燃料电池需求功率相同，且实际输出功率基本都能跟随需求功率。动态规划算法作为最优控制算法，其求解的结果为最优解，且仅有一种最优解，因此两种算法的结果必然相同，这也说明了两种算法的正确性。当燃料电池需求功率变化率较大时，选取 China_city 工况的 930～970s 分析，其放大部分图如 China_city 第 4 张图所示。从放大图可以看出，按照 DP 算法求解出的结果在不考虑燃料电池的动态响应时，由于燃料电池的动态响应能力弱，因此燃料电池的实际输出功率达不到需求功率，燃料电池只能按当前功率的最大功率变化率输出，具体反映在图 6.77 中为：蓝色的实际功率输出曲线跟随不上黑色的需求功率曲线。而考虑燃料电池动态响应的 IDP 算法，由于在能量管理策略求解时考虑了燃料电池的动态响应能力，所以在大功率变化时，需求功率曲线变化比较平缓，实际功率可以很好地跟随需求功率，红色实际输出功率线与绿色需求功率线基本重合，在某些点会有达不到需求功率的情况，但是实际功率与需求功率的偏差不超过 2kW。该偏差存在的原因是：一方面，前文获得的燃料电池变载能力曲线是由 0 到最大净输出功率的响应曲线得到的，不可能 100% 接近模型中各功率的实际情况；另一方面，燃料电池本身的控制策略也有一定偏差，只能保证绝大多数时刻的控制效果是好的，不可能保证所有时刻的控制效果。

高速工况以 US06 工况为例分析。从 US06 工况仿真图的第 2 张图可以看出，US06 工况作为高速、高加速和大速度波动工况的代表，为满足整车行驶动力需求，DP 求解出的燃料电池功率变化率非常大，且整个工况约有 1/3 的时间实际输出功率都无法跟随需求功率。而考虑了动态响应的 IDP 在 US06 大的加减速期间，求解出的燃料电池输出功率比较平缓。从 US06 工况第 4 张图可以看出，IDP 求解出的绿色燃料电池需求功率曲线（与红色曲线基本重合）与 DP 求解出的黑色燃料电池需求功率曲线相比，变化率明显降低了很多，所以实际功率能很好地跟随需求功率。

燃料电池实际输出功率不能跟随动态规划求解出的需求功率带来的问题是：按照实际功率输出时，此时的燃料电池功率和蓄电池功率均偏离了最优解，导致等效氢耗量不是该阶段的最小等效氢耗量，从而导致整车经济性变差。表 6.33 列出了 4 种不同工况分别用两种动态规划算法求解时的氢耗量和百公里氢耗，并对比了 2 种算法的经济性。

表 6.33　不同工况的经济性（DP 和 IDP 算法）

工况	行驶里程 /km	DP		IDP		IDP 经济性提升 /%
		氢耗量 /g	百公里氢耗 /(g/100km)	氢耗量 /g	百公里氢耗 /(g/100km)	
China_city	7.726	67.81	877.7	66.76	864.2	1.55
UDDS	11.99	116.6	972.8	113.9	949.8	2.32
HWFET	16.51	179.4	1087	177.8	1077	0.92
US06	12.89	219.5	1703	215.2	1669.5	1.96

从表 6.33 可以看出，改进后的动态规划算法在 4 种不同的工况下经济性都有所提升。China_city 工况提升了 1.55%，UDDS 工况提升了 2.32%，HWFET 工况提升了 0.92%，US06 工况提升了 1.96%。UDDS 工况提升最多，因为 UDDS 工况提升的时间最长，功率变化率大的时刻也多，时间越长 IDP 算法的经济性提升越多。US06 工况的经济性提升也较多，这是因为 US06 工况的加减速度大，不考虑动态响应的 DP 计算出的燃料电池需求功率偏离实际输出功率多，经济性较差。HWFET 工况因为大部分时间速度变化率小，工况比较平缓，所以 DP 和 IDP 的经济性差不多，IDP 仅在大的功率变化率时经济性较好。

6.6
本章小结

　　本章以瞬时优化能量管理策略、基于庞特里亚金极小值原理的能量管理策略、退化自适应能量管理策略、基于小波变换算法的能量管理策略和考虑燃料电池动态响应的全局优化能量管理策略为案例，介绍了燃料电池汽车能量管理策略的研究方法。这些能量管理策略既包括全局能量管理策略，也包括实时的能量管理策略，既有优化燃料经济性的能量管理策略，也有考虑燃料电池退化、考虑燃料电池动态响应的能量管理策略，全面综合地介绍了能量管理策略的相关研究方法。

参 考 文 献

[1] Song K，Chen H，Wen P，et al. A comprehensive evaluation framework to evaluate energy management strategies of fuel cell electric vehicles[J]. Electrochimica Acta，2018，292：960-973.

[2] Song K，Ding Y，Hu X，et al. Degradation adaptive energy management strategy using fuel cell state-of-health for fuel economy improvement of hybrid electric vehicle[J]. Applied Energy，2021，285：116413.

[3] Song K，Wang X，Li F，et al. Pontryagin's minimum principle-based real-time energy management strategy for fuel cell hybrid electric vehicle considering both fuel economy and power source durability[J]. Energy，2020，205：118064.

[4] 文佩敏，宋珂，章桐. 基于庞特里亚金极小值原理的燃料电池汽车"恒温器"能量管理策略 [J]. 机电一体化，2017，23（12）：7-12.

[5] 宋珂，章桐. 纯电动和串联式混合动力汽车电机传动系参数匹配 [J]. 汽车工程，2013，35（06）：559-564.

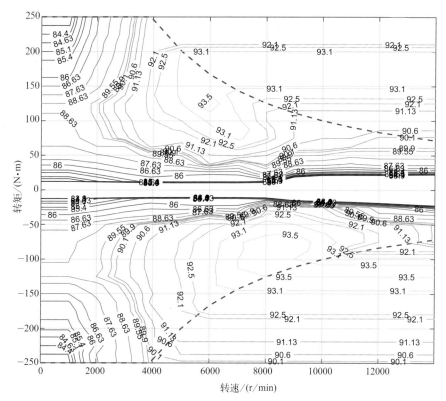

图 2.10　电机的外特性曲线

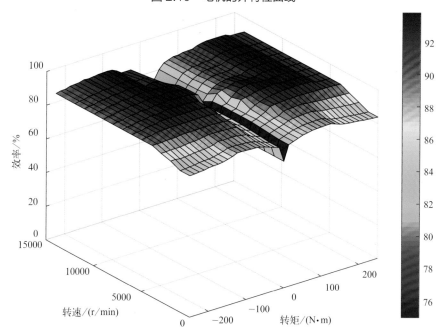

图 2.11　电机的效率与转矩和转速的关系

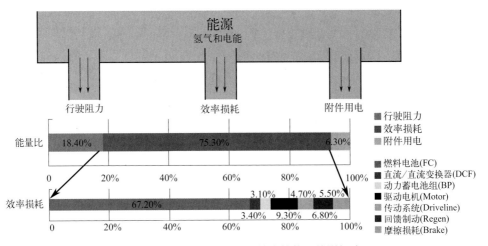

图 3.2　燃料电池车辆基于效率的能量传递损失

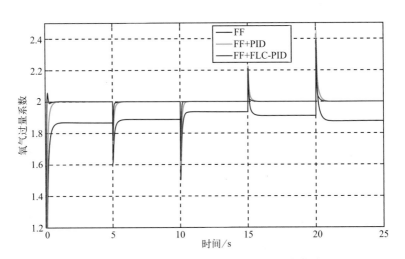

图 3.23　不同控制器的氧气过量系数响应曲线

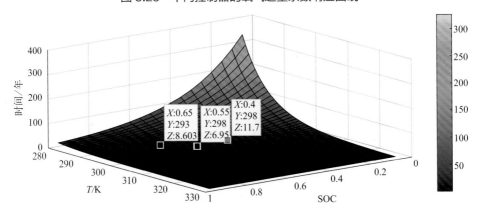

图 4.2　蓄电池日历寿命与蓄电池静置 SOC 及环境温度的关系

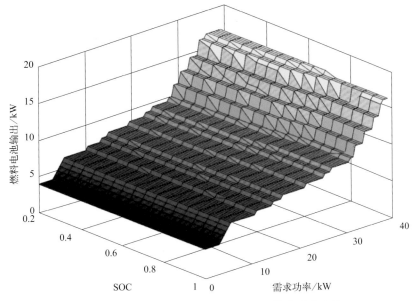

图 6.1　不考虑权重系数 k 的 IOEMS 输出功率方案

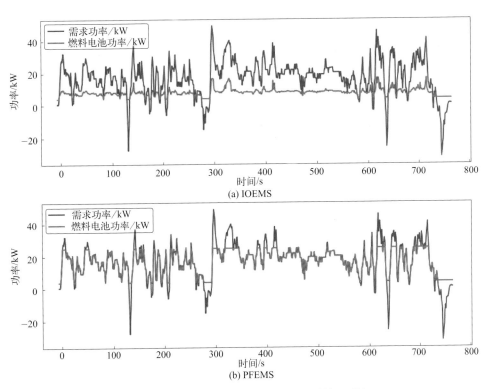

(a) IOEMS

(b) PFEMS

图 6.3　HWFET 工况下两种策略控制结果对比

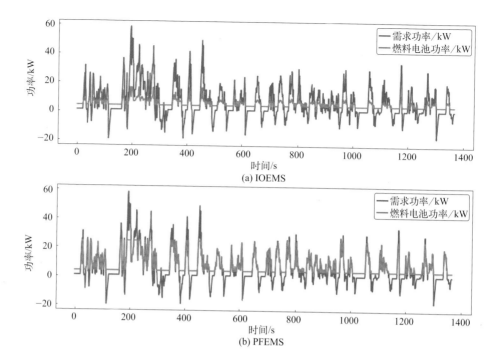

图 6.4　UDDS 工况下两种策略控制结果对比

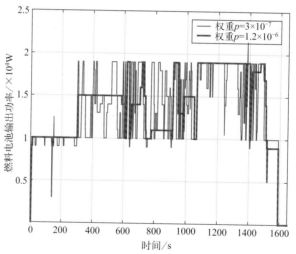

图 6.8　HWFET 工况下不同权重对应的燃料电池输出功率对比

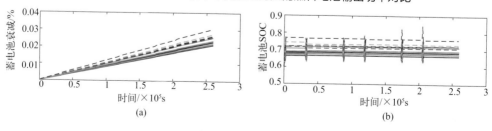

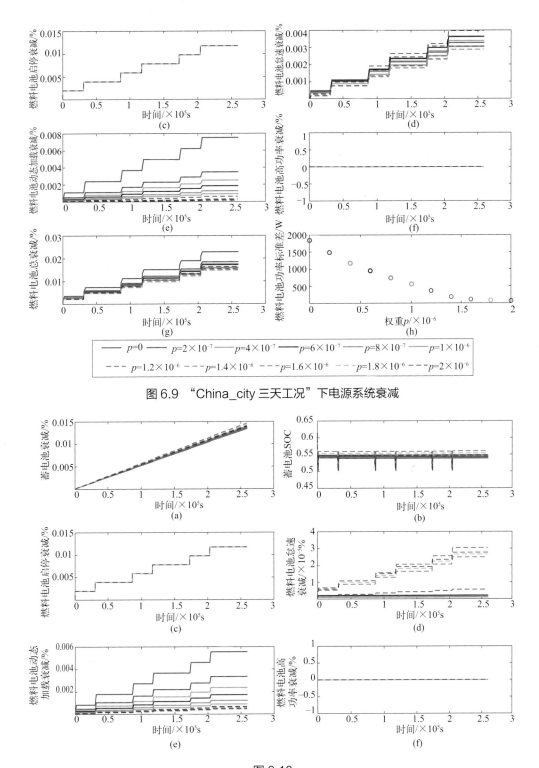

图 6.9 "China_city 三天工况"下电源系统衰减

图 6.10

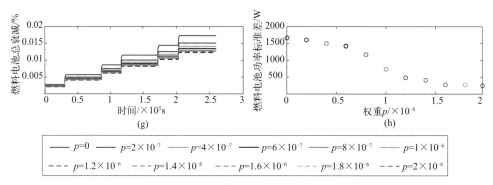

图 6.10 "HWFET 三天工况"下电源系统衰减

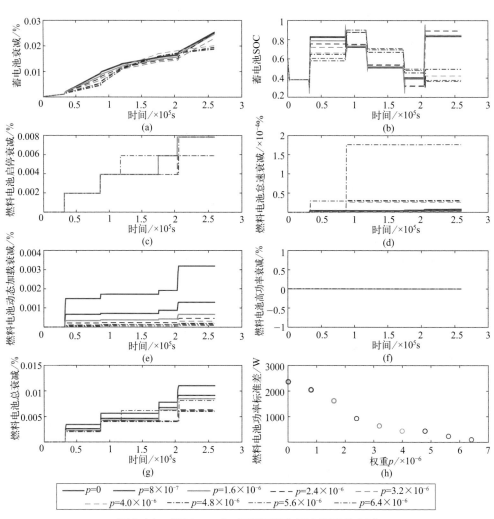

图 6.14 "China_city 三天工况"下电源系统衰减

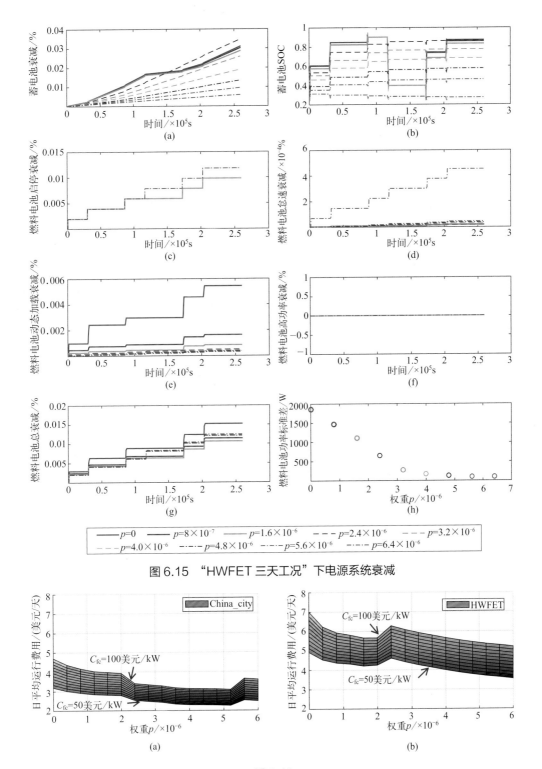

图 6.15 "HWFET 三天工况"下电源系统衰减

图 6.16

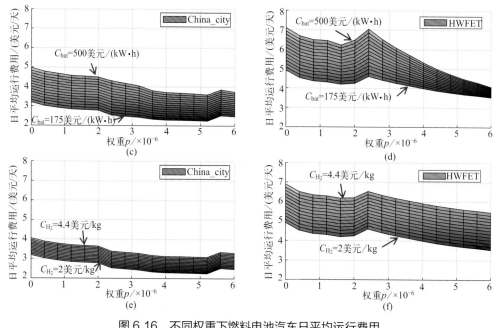

图 6.16 不同权重下燃料电池汽车日平均运行费用

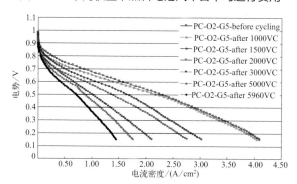

图 6.21 Mohsin 等测得的一种极化曲线变化情况

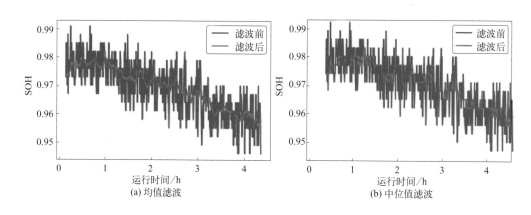

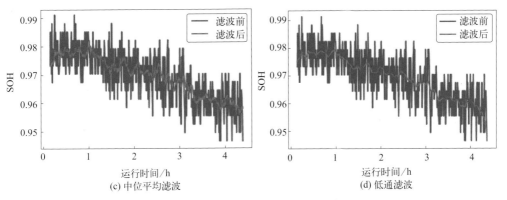

(c) 中位平均滤波 (d) 低通滤波

图 6.32 不同滤波方法的效果对比

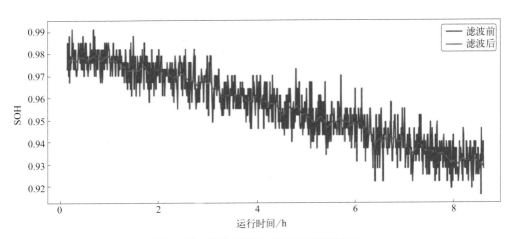

图 6.33 退化过程中 SOH 的识别结果

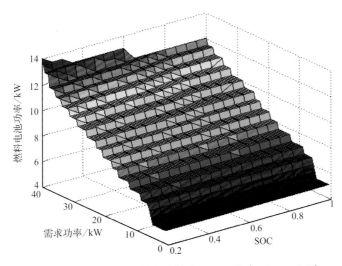

图 6.34 DAEMS 燃料电池输出 MAP 图（SOH = 0.5）

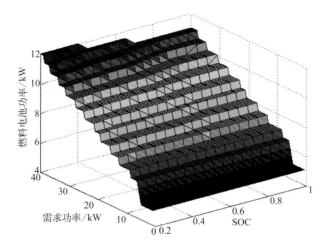

图 6.35　DAEMS 燃料电池输出 MAP 图（SOH = 0.1）

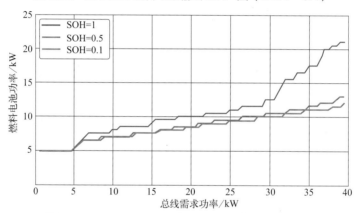

图 6.36　不同 SOH 下燃料电池功率（SOC = 0.4）

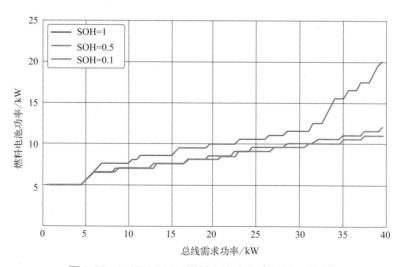

图 6.37　不同 SOH 下燃料电池功率（SOC = 0.8）

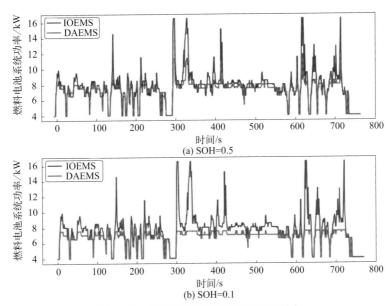

图 6.40　退化后燃料电池系统功率对比

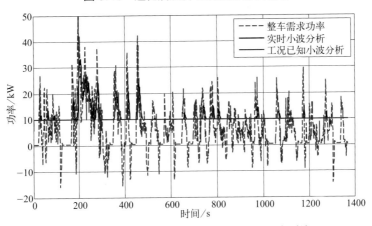

图 6.68　实时控制策略下燃料电池输出功率对比

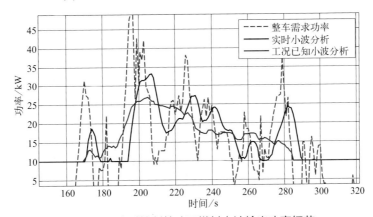

图 6.69　实时控制策略下燃料电池输出功率细节

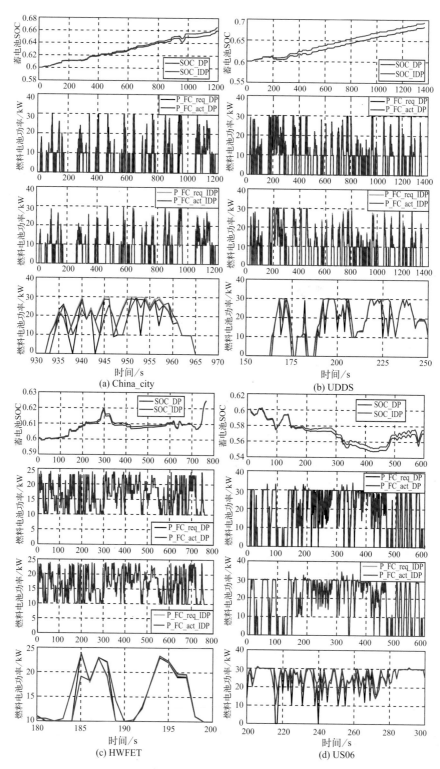

图 6.77　不同工况的策略仿真结果